U0563791

Macao logic of higher education expansion,
based on the perspective of interaction between university and city

澳门高等教育扩展的逻辑
——基于高校与城市互动关系的视角

王银花 ◎ 著

中国书籍出版社
China Book Press

图书在版编目（CIP）数据

澳门高等教育扩展的逻辑：基于高校与城市互动关系的视角 / 王银花著. —— 北京：中国书籍出版社，2017.5
ISBN 978-7-5068-6135-9

Ⅰ. ①澳… Ⅱ. ①王… Ⅲ. ①高等教育—研究—澳门 Ⅳ. ① G649.21

中国版本图书馆 CIP 数据核字 (2017) 第 075579 号

澳门高等教育扩展的逻辑：基于高校与城市互动关系的视角

王银花　著

责任编辑	刘　娜
责任印刷	孙马飞　马　芝
封面设计	田新培
出版发行	中国书籍出版社
地　　址	北京市丰台区三路居路 97 号（邮编：100073）
电　　话	（010）52257143（总编室）　　（010）52257153（发行部）
电子邮箱	chinabp@vip.sina.com
经　　销	全国新华书店
印　　刷	北京市媛明印刷厂
开　　本	170 毫米 ×240 毫米　　1/16
字　　数	205 千字
印　　张	13.75
版　　次	2017 年 6 月第 1 版　　2017 年 6 月第 1 次印刷
书　　号	ISBN 978-7-5068-6135-9
定　　价	42.00 元

版权所有　翻印必究

序　言

20世纪中叶至今，高等教育大规模扩展已经成为全球性的现实。解读高等教育扩展现象，以往较多地从国家及区域的宏观层面，分析经济、政治、文化与高等教育的互动关系或从大学与社区的微观层面分析互动机制，积累了不少的研究成果。如何从高校与所栖身的城市的中观层面，分析高等教育扩展进程中的互动关系，是值得关注的研究领域。王银花的著作《澳门高等教育扩展的逻辑——基于高校与城市互动关系的视角》选取澳门作为具体研究个案，具有重要的现实意义和理论价值。

作者之所以选取澳门作为个案研究对象，在于其对澳门高等教育扩展的典型性与特殊性的认识。澳门历来是一个微型的、多元的、高度自治的城市。四百多年前葡萄牙人开始占据澳门，鸦片战争后，葡萄牙对澳门实行殖民管治。1999年澳门回归祖国后，成为中国的特别行政区，实行高度自治，澳门逐渐成为东西文化交汇的重镇。16世纪末，葡萄牙人为了传教，在澳门建立了中国乃至远东地区最早的近代大学——圣保禄学院。进入18世纪中叶，圣保禄学院由于受宗教教派斗争牵连，被迫关闭，其后毁于大火。自此，澳门的高等教育沉寂了百余年，20世纪初有几所内地大学尝试来澳门办学，但未成气候，直至1981年澳门才在本地建立起现代大学。其后仅二十余年时间就兴办了十所高校，澳门高等教育快速进入"大众化阶段"，目前已跨入"普及化阶段"。澳门高等教育的扩展，总体上呈现出跨越式扩展的特点，以外延式扩展为主，适应外部的需求；在办学主体上体现出多样性扩展形态，政府、产业、社团及教会都成为高等教育的办学主体。而所谓的典型性，就是指澳门高等教育扩展同其他城市具有一些共同的现象,通过对澳门个案的挖掘有其可供借鉴之处;所谓特殊性是指,仅仅用高等教育与政府、经济等社会关系的一般解释,还难以回答澳门高等教育扩展的具体问题。需要了解高等教育扩展进程中城市本身是如何影响和限制高校组织的以及高校组织本身是如何应对外部限制性因素的。研究视野的转变及拓展,预示了本书中作者研究方法及研究结果的新颖性。

作者运用整体论作为分析高校与城市互动的理论基石,建立了从城市环境与结构—动因—互动边界—互动模式等逐步深入的分析框架。

作者通过详细描述澳门城市开埠、过渡、回归等不同时期的城市历史环境与高等教育体系之间的互动过程,展示了它们形成的多维度的共生关系。作者分析了澳门城市社会中的教会、政府、社团以及产业组织等四种力量对形塑澳门高等教育体系特性的作用。同时,揭示了澳门高校既注重吸纳外部利益相关者参与治理,同时也不断利用组织学习的途径以促进高等教育功能发挥的特性。

作者认为高校与外部组织的互动不是在真空里进行的,总是需要一定的作用平台和相关主体的参与。高校与城市的互动边界既是与环境相区别的区域,也是与外界相互作用、相互影响的区域。进而分析并强调了互动边界所蕴含的跨界者、跨界组织在组成高校与城市互动的跨界网络中的作用。另外,互动主体在互动时要受到成文规则的约束,指出了合作与冲突是澳门高校与城市互动交往的基本表现。

作者又从能量获得角度进行分析,指出两者之间的互动并不是均衡、对称的平等交换,而总是呈现出非对称、非均衡的状态。本书的最后一章以澳门高等教育与经济互动为例,分析澳门高等教育与城市经济之间的互动模式。理论研究与定量研究的综合结果表明:澳门经济对高等教育规模发展具有决定作用,而澳门高等教育对经济发展也有一定的促进作用,澳门经济与高等教育互动模式特点是非对称性的互惠共生。

通过对澳门高等教育与城市发展之间互动关系的探索,有助于深入了解澳门高等教育发展过程的特性，同时发现其存在的缺陷与不足，有助于澳门高等教育管理者、研究者采取科学、积极的措施，促进澳门高等教育与城市社会的和谐发展。而作者运用的分析路径，可为其他城市展开同类研究与管理实践提供参考和借鉴，也一定会给相关研究人员带来有益的启示。

  在祝贺王银花的专著出版之际，我希望她在后续研究中，进一步选取更多城市的研究样本以扩大研究范围，提供更多有价值的研究成果，从而深化学界对高校与城市协调发展理论与现状的认识。

谢安邦

2016年10月6日

目 录

第一章 引 论 1
 第一节 研究背景与问题提出 1
 第二节 高校与城市互动的分析框架 8
 第三节 研究概念与方法 19

第二章 遗传与环境：澳门高等教育扩展的时空 23
 第一节 澳门高校与城市发展的互动史 23
 第二节 城市客观环境与高等教育之间的互动 36
 第三节 城市中影响高校的外部组织 54

第三章 合法性、资源与理性：澳门高等教育扩展的动因 67
 第一节 认可危机：外部合法性诉求 69
 第二节 资源依赖：组织资源的外部控制 87
 第三节 追寻理性：外部利益相关者的参与与组织学习 95

第四章 互动边界：澳门高等教育扩展的作用平台 105
 第一节 识读边界 105
 第二节 澳门高校与城市互动边界中的跨界者与组织 113
 第三节 澳门高校与城市互动的边界约束 127
 第四节 合作与冲突：澳门高校跨界交往的表现 142

第五章 非对称性互惠共生模式——以澳门高等教育与经济互动为例……155

　　第一节 澳门高等教育与经济发展之间的理论分析……………165

　　第二节 澳门高等教育与经济互动关系的定量分析……………165

　　第三节 澳门高等教育对经济增长的贡献率……………………178

　　第四节 非对称性互惠共生：澳门经济与高等教育互动模式…186

参考文献………………………………………………………………195

后记……………………………………………………………………209

第一章 引 论

第一节 研究背景与问题提出

一、澳门高等教育扩展简况

澳门现代高等教育发轫于1981年东亚大学的成立，奠基于1999年回归前过渡期的公立、私立高校并存的高等教育体系，健全于回归之后高等教育制度的完善、新兴院校的兴起等。澳门高等教育虽然起步较晚但发展迅速，属于跨越式压缩性增长①，这亦是澳门现代高等教育最为显著的变革。

（一）澳门现代高等教育扩展的两个阶段

1. 高等教育扩展的积蓄期（1982—1999）

1981年，东亚大学的成立标志着澳门现代高等教育的发轫。截至1987年，东亚大学只招收了少量的澳门本地学生。随着1987年《中葡联合声明》的签署，澳门进入到1999年回归前的过渡期。过渡期的"三化"②需求使得高等教育发展成为这个时期的一个关键问题。在此期间，中葡双方政府以及澳门的民间力量被充分地调动起来，尤其是澳葡政府采取一系列积极措施促进私立东亚大学转制为公立，开办新的公立高校，许可民间社团教育

---

① 谢安邦. 大众化理论下的澳门高等教育发展研究[J]. 中国高教研究，2010（3）：14—18.
② "三化"是澳门回归祖国前面临的三大问题，具体为：公务员本地化、中文官方化、法律本地化。

机构升格。[①]从图1-1可知，澳门高等教育注册学生人数从1988年开始出现了一个高峰，短暂回落之后，在1999年回归之前注册学生人数又重新到达一个新的顶点。1982—1999年这段时间，1988年保安司开办了澳门保安部队高等学校培养保安部队管理人员；1991年政府通过澳门基金会收购东亚大学并在此基础上成立澳门大学、澳门理工学院和亚洲（澳门）国际公开大学（后更名为"澳门城市大学"）；1995年华务司旅游培训技术学校与理工学院的贸易暨旅游学校的基础上成立了旅游培训学院（1997年更名为旅游学院）；1999年澳门镜湖护理学院经澳葡政府批准升格为高等教育机构。同年，澳葡政府又批准成立澳门高等校际学院（后更名为圣若瑟大学）。澳门在回归前已经拥有七所高校和两所研究机构（1992年成立的联合国大学国际软件技术研究所和1995年成立的澳门欧洲研究学会）。同时期，澳葡政府颁布了一系列规范高校办学的法律、训令与批示。高等教育体系初步形成，注册学生在波动中有提升。1982—1999年属于澳门高等教育扩展的积蓄期。

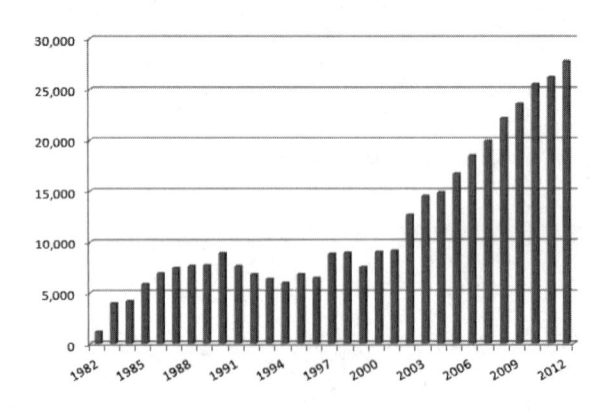

图1-1 澳门高等教育注册学生人数统计（1982—2012）[②]

2. 高等教育扩展的爆发期（1999—2012）

回归之后，澳门各个方面处于稳步快速发展时期。回归伊始的2000年，

---

① 刘羡冰. 澳门高等教育二十年[J]. 行政，2002（3）：829—845.
② 1990-2011年数据来源于澳门统计暨普查局统计年鉴，2012年数据来源于高等教育辅助办公室高教数据。

澳门管理学院升格成为高等教育机构；同年3月特区政府批准成立澳门科技大学；2001年批准成立了中西创新学院。至此，澳门一共有十所高校和两所研究机构，这种格局一直延续到现在。随着各个高校的陆续建立和不断完善，其招生规模急剧增长，1999—2012年是澳门高等教育扩展的爆发期。从注册学生人数来看，2000/2001学年注册学生人数仅有9000人到2012/2013学年共有注册学生27776人，高等教育注册学生呈倍数增长之趋势（见图1-1）。毛入学率作为可以较好地反映高等教育规模扩展的相对量指标，是高等教育在数量意义上的主要体现。[①]回归以来，根据高等教育毛入学率的指标显示，澳门高等教育在入学数量上已经从大众化阶段迈入了普及化阶段。[②]其毛入学率从回归之际的20.90%到2012年已达到61.86%，已经有了大幅度的提升（见图1-2）。按照澳门高等教育辅助办公室的说法，现在澳门高等教育的发展已经进入了"规模扩展"阶段。

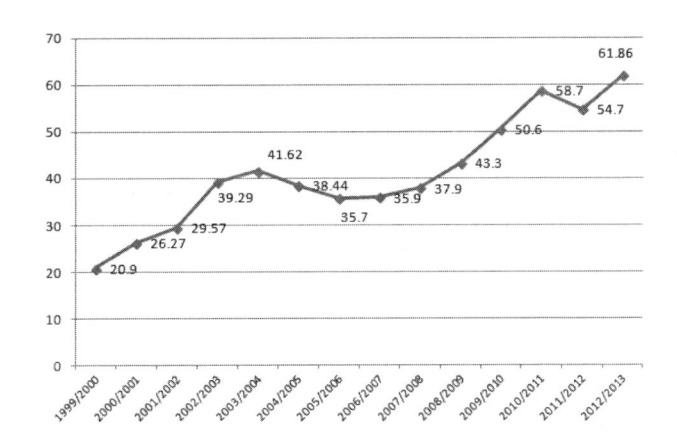

图1-2 澳门回归以来高等教育毛入学率统计（1999/2000—2012/2013）[③]

---

① 郭书君，米红. 我国高等教育规模与城市化互动发展的实证研究[J]. 现代大学教育，2005（5）：45—48.
② 谢安邦. 大众化理论下的澳门高等教育发展研究[J]. 中国高教研究，2010（3）：14—18.
③ 毛入学率在澳门统计暨普查局被称为就学率，指读于某一教育程度学校的注册学生人数，与应就读该程度学校指定年龄的年终人口之比。高等教育适龄人口一般为18—22岁。该表中：1999/2000学年适龄人口数据为18—23岁，其余年份为18—22岁；2012/2013学年的原始数据来源于澳门高等教育辅助办公室高教数据，其余年份的原始数据均来源于澳门统计暨普查局。

（二）澳门现代高等教育扩展的表现与特征

1. 澳门高等教育扩展速度惊人

如上文所述，澳门高等教育用短短的12年就完成了从大众化阶段到普及化阶段的过渡。另外，澳门高校的城市空间扩展速度也令人十分讶异。20世纪80年代仅氹仔有一所高校，到现在澳门10所高校遍布整个澳门，形成了星罗棋布的局面。澳门半岛有澳门理工学院、旅游学院、澳门管理学院、中西创新学院、圣若瑟大学、镜湖护理学院、澳门城市大学七所高校；氹仔有澳门大学、澳门科技大学两所高校；路环有一所澳门保安部队高等学校。其次，澳门仅有澳门半岛、氹仔和路环三个小岛，根据澳门统计暨普查局2012年的最新统计，其总面积为29.9平方公里，十分狭小，寸土寸金，澳门各高校大部分处于"有校无园"的状态，大多数校园建筑大多"比肩接踵"，有的高校甚至寄居于某综合性商业大厦其中的一层或地下，教学、办公、宿舍等空间资源都极其紧张，更不要谈师生体育运动、休闲交流空间了。为了获得更多的教育发展空间，澳门理工学院借2003年澳门举办东亚运动会之机，将拥有1.7万平方米的东亚运动会体育馆作为理工学院的体育馆，解决了理工学院长期无体育运动空间之困。2009年澳门大学获准在横琴岛增建新校区总计1.09平方千米①，彻底告别了在氹仔山头的"蜗居"时代。

2. 澳门高等教育扩展中办学主体的多元性

在澳门高等教育扩展进程中，澳门逐步形成了办学主体多元化的格局。十所高校当中公立学校占四所，私立学校占六所。私立高校中，国际出版、遥距培训及教学有限公司出资兴办了澳门城市大学；创新教育社股份有限公司创办了中西创新学院；镜湖医院慈善会和澳门管理专业协会分别兴办了澳门镜湖护理学院和澳门管理学院，属于民间社团办学；澳门科技大学基金会兴办了澳门科技大学；葡萄牙天主教大学与天主教澳门教区合办了圣若瑟大学。特区政府、民间社团、私人公司与基金会以及教会都成为澳门高校的办

---

① 夏泉，熊杰. 关于设立"横琴高教特区"的若干思考[J]. 高等教育研究，2009（9）：45—48.

学主体。办学主体的多元化既有利于澳门高等教育扩大办学规模，又有利于满足澳门社会千差万别的教育需求，增加高等教育供给的多样性。

3. 澳门高等教育扩展表现为外延式的规模扩展

高等教育扩展可以分为基于数量、规模的外延式扩展以及基于教育质量提升的内涵式扩展。澳门高等教育扩展的表现无疑属于前者。其一，由于澳门多样化的初等教育体制，没有统一的大学入学考试，因此高等教育生源质量参差不齐。三十余年来，澳门高校并未跻身于任何知名的大学排行榜的前列。其二，澳门高等教育扩展进程中，其高等教育机会平等化、教育过程的终身化得到了有效的保障，但是在高等教育功能的适切化方面并未充分满足澳门社会的期望，高等教育未能成为引领社会的、不可分割的轴心机构。

二、问题的提出与研究意义

高等教育扩展（这种扩展大多指的是基于学生人数增长意义上的规模扩展）是一种全球性的现象，也是高等教育发展之关键。[①]高等教育扩展是 20 世纪末至 21 世纪初重要的教育现象。澳门高等教育扩展的速度之快，规模之大令人震惊，甚至令人一度怀疑，"弹丸之地"的澳门是否真的需要如此多的高校。当然，高等教育扩展并非澳门的独有。二战以来，在全球范围内无论是落后国家、发展中国家或发达国家的高等教育日益呈现出马丁·特罗（Martin Trow）所言的大众化、普及化等扩展的"全球教育革命"趋势。在这种情势下，政府、产业组织、社会公众以及学术名流在"各自想象"以及理所当然的言论中，高教扩展开始被视为某种"共识"，这种共识往往归结为最流行的也是最简单的解释——社会需求。从澳门这样一个具体的场景来解读，澳门的高等教育扩展究竟是因何种原因导致的呢？按照一般的理解是政府的政策、市场力量、国际竞争的影响、高等教育自身的发展逻辑所致，

---

① Altbach P, Reisberg L, Rumbley L. Trends in Global Higher Education: Tracking an Academic Revolution [C]. (2009), UNESCO 2009 World Conference on Higher Education.

或者是这些一般意义理解上的综合作用、多方推动。由于澳门历来是一个微型的、多元的、高度自治的城市,而且澳门社会主要力量就有政府、产业、社团和教会等四种,显然上述一般意义上的解释都不能回答澳门的具体问题,我们需要更为深入地进行探索。

至于为何选取澳门作为研究的具体场景,并把高等教育扩展作为研究对象,主要与笔者对澳门的高等教育扩展有其典型性与特殊性的认识以及澳门高等教育扩展中出现的相应问题关注相关。

澳门高等教育在总体上呈现出跨越性扩展的特点。如前所述,澳门现代高等教育仅仅三十余年就兴办了十所高校,快速达到了大众化甚至普及化阶段,其发展速度呈现出非常规的跳跃式扩展;其次,就高等教育扩展方式而言属于外延式扩展,强调的是数量增长意义上的规模扩展和空间意义上的扩展,是主要为了适应外部的需求而表现出来的扩展;最后,在办学主体上呈现多样性扩展:在澳门高等教育扩展过程中,呈现出多样化扩展形态,政府、产业、社团及教会都成为高等教育的办学主体。这些扩展特点表现出澳门高等教育扩展的典型性、特殊性。所谓典型性,就是指高等教育扩展现象并不是澳门城市独有的现象,通过对澳门个案的挖掘有其可供借鉴之处;所谓特殊性是指对澳门这样一个特定的城市高等教育扩展的原因解释很难拓展或者延伸至其他一般城市,很难用高等教育与政府、经济等社会关系的一般解释来回答澳门的具体问题。

在澳门高等教育规模扩展的同时,高等教育系统却备受指责,其被认为正在从事脱离自身内涵与效用的实践。

一位知名的工商界人士私下称,澳门大学的学生虽然人数越来越多,但质量却难以保证,其公司面试了数位应届毕业生,均难以录用。这是一个颇值得关注的问题。澳门大学自东亚大学脱胎换骨,的确为澳门社会培养了不少本地人才,但许多用人机构都有同感,现在的大学生和十几二十年前的中学生的文化素质相差不大,这也就解释了为何读硕士、博士的人与日俱增的原因。高等教育普及化是件好事。然而,人总不能一方面在学时得过且过,另外一方面又读完一个学位再读另一个学位,没有休止地培训。别说浪费社会资源,就是个人也是人生苦短,时光有限,莫非人人都以读书为乐?那么多人日读夜读,只见文凭花样日多,却不见多少士人学者问世,莫非都在知识海洋里淹没了。①

其他如各高校在专业设置上,商业及管理、博彩管理等专业就读者众,而其他基础性专业报读人数却少;在研究方面,基础性研究薄弱,发展缓慢;在社会服务方面高校与社团相比更是缺乏主动性,等等。这些问题中又以澳门高等教育规模扩展与质量提升、澳门高等教育扩展与城市发展相适应等问题和矛盾表现得最为尖锐和突出。

毫无疑问,一个城市或地区高等教育扩展现状,不仅与城市本身的发展状况高度相关,也与宏观层面的全球性发展趋势、时代潮流、国家或省域的历史文化、政治经济发展水平、宏观教育政策等众多因素存在千丝万缕的联系。高校本身的流动性和国际性特征决定了它不仅服务于它所在的城市本身,更要服务于更为广阔的地区,甚至全球。但是,城市作为高校的栖居之所,是高校赖以生存和发展的基本环境,高校首先要服务于它所栖身的城市。要了解高等教育扩展,乃至由此产生的矛盾不能忽略对城市社会本身在高等教育扩展进程中担任的角色及其发挥的作用,因此,解读这些现象与问题必然要从高校与城市的互动关系的层面来分析与阐述。

本书研究旨在探讨澳门高等教育扩展的典型性与特殊性是如何形成的,在澳门高等教育扩展进程中,城市本身是如何介入、如何产生影响作用的。笔者希望了解高等教育扩展进程中城市本身是如何影响和限制高校组织的以及高校组织本身是如何应对外部限制性因素的。因此,要理解高等教育扩展的现象,终究不能离开其所依存的特定社会状态来解读,尤其是不能离开高校所栖身的城市来解读。针对澳门城市的现代高等教育在 20 世纪 90 年代初期到现在出现的急速发展的现象,从高校组织与城市互动关系的视角提供有效的解释。具体来说,从高校与城市互动关系的视角来理解高等教育扩展

---

① 阿三. 澳人澳事[M]. 澳门:澳门日报出版社,1997:38.

具有理论和现实两个层面的意义。

首先，在区域性的高等教育解释框架中，很多学者都曾经提出相关理论和模型试图对高等教育扩展现象提出解释，不过这些解释都集中在国家行动或者以省域为单位的区域发展层面，而忽略了单独的具体的城市个体本身所发挥的调解、转换甚至干预的能力以及影响，故笔者选取具体城市为个案分析高等教育扩展现象。笔者基于高校与城市互动关系的视角，在掌握前人对同一题材的研究成果的基础上，扩大小题材的纵向和横向的周延力，从而突显具体城市高等教育扩展的独特性。因此，在这个意义上有助于丰富高等教育学基本理论。

其次有助于深化对高校与城市协调发展理论的认识、拓宽研究视野。在整体论哲学的指导下，论文主要分析了澳门高等教育与城市互动的时空、互动动因、作用平台以及互动模式。本研究不仅从定性的角度研究了高等教育与城市互动的作用机理，还从定量的角度计量高等教育对经济增长的贡献率以及经济发展与高等教育的相关关系，从而深化学界对高校与城市协调发展理论与现状的认识；由于高校与城市互动是一项庞大的而又细致入微的研究课题，因此笔者在调查研究过程中注重高等教育学与管理学、经济学等多学科的渗透与融合，拓宽了以往同类研究的视野。

本研究可为高等教育与城市社会协调发展的实践提供理论指导、深化高等教育改革。通过本文的研究，有助于了解澳门高等教育与城市发展之间的互动关系，发现高等教育发展过程中存在的缺陷与不足，根据澳门地区高等教育与城市发展的现实基础，促使高等教育研究者、管理者、城市规划与研究者采取科学的积极的措施，促进澳门高等教育与城市社会的和谐发展。另外，本研究的分析路径可为其他城市展开同类研究与管理实践提供有益的参考和借鉴。

第二节 高校与城市互动的分析框架

高校的责任是人才培养和科学研究，目的是传承文明和推动经济社会发展。城市作为高校的所在地和服务者，是高校服务社会、回报社会的"近水楼台"。所谓大学与城市的共同使命就是让以知识为承载的"智慧之光"穿透大学围墙，让不断增长的物质、精神财富转化成人类共享的文明成果，最终促进城市与高校的和谐发展。从整体论视域下研究特定时期高校与城市互动界面和互动模式，是总体上识别城市与高校之间关系、探究大学与城市和谐互动发展的前提。

一、整体论：互动分析的理论基石

整体与部分的关系是学界讨论的焦点所在。一直以来，人们在认识的目的性、适应行为以及组织层次之间的关系问题上困难重重，关键并不是缺乏对组织研究足够详细丰富的知识，而是缺少一种新的研究组织系统的方法。施姆兹（Jan Smuts）在1926年首次提出了整体论（Holism）的概念。20世纪40年代，一系列带有浓厚的哲学和方法论色彩的横断学科开始兴起。老三论在整体论的指导下使人类对组织系统规律性的研究获得了突飞猛进的发展，紧接着有关方法论方面的创造性进展接踵而至，新三论组织系统方法论研究出现了群星璀璨的局面。在整体论思想形成的过程中，产生了机械整体论、实体整体论和有机整体论，其中以有机整体论最具代表性。有机意指趋向性的、连续性的、不可分割的动态生成；整体与部分的关系是相互之间内在的、本质的、构成性的必然联系。整体包含于部分之中，部分也包含于其他部分之中，物质的性质取决于整体的环境、依赖于周围其他事物的性质。这种有机整体从相互包含的关系来说是"完整的整体"；从环境的变化进而带来整体的变化而言是"流动的整体"。[1]

高校与城市的关系犹如局部与整体，高校在城市之中，城市为高校提供相应的物质基础和生存环境。高校和城市也同时被称为有机体。有机体的概

---

[1] [美]大卫·格里芬，编. 后现代科学——科学魅力的再现[M]. 马季方，译. 北京：中国编译出版社，1995：33—34.

念与系统、相互作用和组织等概念相互关联。系统概念表达的是整体及各个部分之间关系的附和状态；相互作用的改变表达在系统中各个部分发生和交织起来的关系、作用和反馈作用的总体表现；组织概念所表达的是这些相互作用的建构和特点，它起到形成、维护、保护、调解和支配再生的作用，因此这些都是研究高校与城市互动时重要的、相关的概念。[①]全息原理亦认为事物整体结构与其局部之间存在着相似对应的关系，即部分不仅位于整体之中，而且整体本身也以某种方式、状态存在或表现于它所包含的部分之中。[②]正如潘懋元在讨论教育的外部规律时所持的观点：办教育必须遵循教育的外部关系，就教育谈教育，许多教育问题是无法解决的。[③]从整体论的视域研究大学与城市其他组织之间的互动关系是研究大学组织发展的应有之义。

现代高校作为位于城市社会中的一个综合各种专门学问的社会建制，不仅要具备追求真理的出世理想以及经世致用的入世能力，也要不断地回应地方治理的需求并同时促进自身发展的转变。阿什比认为："一个大学必须相当程度地稳定以便支持创立时候的理想，同时也要充分地对支持他的社会做出回应，以便维持与社会之间的关联。"[④]现代高校在城市社会的政治、经济、文化的发展中需要不断转变自己的角色，建立基于城市发展目标以及城市其他系统之间的功能耦合网，从而超越象牙塔，促进城市和自身的发展。

二、互动概念的阐释

"互动"被广泛应用于物理学、心理学、传播学、社会学、管理学等多个学科领域，是个极为复杂的概念。互动最为基本的含义是相互作用、相互影响。物理学中最早运用互动的概念来说明能量守恒定律，解释物体或系统

---

① [法]埃德加·莫兰. 复杂思想：自觉的科学[M]. 北京：北京大学出版社，2001：142.
② 刘小强. 关系思维与高等教育研究——纪念"教育外部关系规律、教育内部关系规律"提出三十周年[J]. 中国高等教育评论，2011（2）：385—399.
③ 潘懋元. 教育外部关系规律辨析[J]. 厦门大学学报（哲学社会科学版），1990（2）：1—7.
④ Eric Asbhy. Universities: British, Indian, African [M].Cambridge：Harvard university press, 1996: 3.

之间的作用和影响。心理学领域认为互动是复杂性心理活动产生的重要条件。[①]各个功能系统、样本、意识等是构成心理活动的因素，它们虽然各自独立发挥作用，但是各个因素之间也会相互作用，相互影响，相互制约，从而产生各种复杂的心理活动。例如心理学中的感官互动、情绪互动、理智互动等都是代表性的例子。20世纪30年代，著名传播学家拉斯韦尔在传播学中最早引入了"互动"的概念。互动是处在社会语境下的两个或多个参与者彼此进行的意义交换与协商，其主要焦点在于符码与规则的制定者、使用者与建构者之间的传播与交换。研究互动时不仅应考虑现有的社会语境，而且应考虑所有那些被我们带入这种情景的因素，诸如角色、规则、权力、社会化、群体成员、遵从、动机、偏见与知觉等。

社会学领域中对互动的研究影响最为深远。19世纪就开始应用互动的概念来解释不同个体或群体行为方式的差异与联系，形成了具有丰富理论内涵的社会互动论。社会学家齐美尔早在1908年所著《社会学》一书中就使用了"社会互动"一词。韦伯、米德、布鲁默、库利等都是研究社会互动的代表人物。主要强调社会互动对于个人成长、社会发展的意义，社会互动过程中的社会角色、竞争与合作、冲突与顺应在形成社会关系时的作用。

在组织社会学领域，莫兰认为互动就是在场的或在影响范围内的成分、物体、对象或现象相互改变对方行为和性质的作用。[②]互动会导致结构的成形，是偶然和必然的关键环节，等等。[③]互动孕育了具有组织作用的关联关系，因为任何外在于建构自己的互动，外在于自己必须参加的互动的物体或组织是难以存在的。他在《复杂思想：自觉的科学》一书中多次强调"互动"是一个不可或缺的关键概念，如互动是把有序和无序、变化和组织连为一体

---

① 林崇德，姜璐，王德胜．主编．何本方．分卷主编．中国成人教育百科全书·社会·历史[M]．海口：南海出版公司．1994：507．
② [法]埃德加·莫兰．复杂思想：自觉的科学[M]．吴泓缈，冯学俊，译．北京：北京大学出版社，2001：31．
③ [法]埃德加·莫兰．复杂思想：自觉的科学[M]．吴泓缈，冯学俊，译．北京：北京大学出版社，2001：32—38．

的一根轴。互动所引发的有序和无序具有双向逻辑性质：相互寄生相互滋养，相互竞争相互对立。有序、无序是通过互动概念联系在一起的，这些概念通过互动共同构成了一个前后衔接的环，环中的任何一项脱离了其他项都难以成立，而且它们之间的关系极为复杂，既对立竞争又合作互补。最为关键的是，莫兰从组织成长与演进的角度提出了分析互动的四个重要环节[①]：一，成分、生物或物体有可能相遇是互动所必需的前提；二，相遇的环境是互动的前提；三，互动遵循由相遇成分、物体或生物的性质中所派生出来的规定性以及限定性；四，互动在一定条件下可转化成相互间的关系并产生组织化现象。

三、高校与城市互动的分析框架

当前较为成熟的分析高校与城市互动的框架有郏海霞基于城市社会学的"三维九要素分析"[②]和怀特基于传播学研究的"事件聚类"[③]分析两种。这两种模式为分析高校与城市互动奠定了极其重要的研究基础，但是也各自存在些许不足。"三维九要素"分析框架很好地揭示了高校与城市网络式互动的事实，属于总括式、静态式、结构式的扫描与总结。怀特模式虽然能够从动态角度分析不同时期的互动结构与类型，但是"互动事件"本身很难科学地归类和定义，另外怀特时间聚类分析也只适用于单个高校与社区互动的微观的研究。为了更好地反映高校与城市互动的动态性与复杂性，笔者尝试从整体论的视域出发，借鉴莫兰关于分析互动的路径，认为分析特定城市、特定时期高校与城市互动可以从城市环境与结构—动因—互动边界—互动模式来逐步展开。

---

① [法]埃德加·莫兰.复杂思想：自觉的科学[M].吴泓缈，冯学俊，译.北京：北京大学出版社，2001：31.
② 郏海霞.美国研究型大学与城市互动机制研究[M].北京：中国社会科学出版社，2009：87.
③ White, Suzanne Wrightfield. Town and gown, analysis of relationships: Black Hills State University and spearfish, South Dakota, 1881 to1991[D]. Iowa State University,1991: 107.

（一）特定时期的互动城市环境与结构

系统之外一切同系统具有关联和联系的事物的总和，是系统生存和运动的外部环境，简称环境[①]。环境不仅是组织生存的背景，而且决定组织生存的至关重要的决定因素。任何一个组织是不可能闭门造车的，它依赖环境提供的资源、工具以及获取最终的生存。珍妮·H·巴兰坦指出高等教育一直从事着生存的游戏，环境对其生存至关重要的某些因素极大地影响着决策和变革[②]。

第一，城市客观环境对高校的影响与制约。城市所在的自然气候环境、所在的地理位置、经济发展水平、城市人口、城市类型等客观因素是高等教育扩展中不能回避的外部环境。按照城市生态学的观点，城市系统共生单元之外的所有因素的总和构成了城市系统的共生环境。城市系统共生环境的影响往往是通过一系列环境变量的作用来实现的。城市系统共生环境相对于城市系统共生单元和共生模式而言是外生的且是难以抗拒和改变的。共生环境按影响方式的差异，可分为直接环境和间接环境，按影响程度的不同可分为城市共生主要环境和次要环境。[③]总之，作为城市系统共生单元之一的高等教育，城市发展环境决定高等教育发展的条件；城市发展的进程制约高等教育发展的阶段。

第二，特定时期城市中涌现的组织对高校的影响。城市结构的是在组织与组织之间相互作用的过程中产生的，城市发展过程不仅是一个处于不断发展与变化的连续变革与演化的过程。它一方面表现为城市共生系统不断的趋近并达到均衡过程，即从一个均衡向另一个均衡转换的过程；另一方面也表现为整个城市系统在其整体的功能、结构、体制上的转换，这种转换过程也代表了不同的共生单元对城市空间的占领过程。城市空间是财富和权势的源

[①] 苗东升. 系统科学大讲稿[M]. 北京：中国人民大学出版社. 2007：44.
[②] [美]珍妮·H·巴兰坦. 美国教育社会学[M]. 刘惠珍，等，译. 北京：春秋出版社，1989：261.
[③] 张旭. 基于共生理论的城市可持续发展研究[D]. 东北农业大学，2004：38—39.

泉，是身份与地位的象征。初生的强势的社会力量或组织为了苛求更多利益和地位会表现出对文化空间的渗透和占有。高校作为一种文化机构为了在新的社会空间结构中适应生存，也必然会与这种新的重要的社会力量或组织结盟。

（二）高校与城市其他组织之间互动的动因

现代高校是组织化的现代性中社会构想的产物。高校在与公民身份和社会目标紧密结合的过程中，就失去了它早期与世隔绝、致力于知识探索的纯文化机构的地位，逐渐成为功能整体中的一个有机成分。[①]德里克·博克曾经言之凿凿地表示现代大学"已经不再是传统的修道院式的封闭机构，而是变成沟通生活各界、身兼多种功能的超级复合社会组织"[②]。现代大学组织有必要从外界汲取养分，适应社会变革。作为一个开放性的组织，组织间互动的发生总是基于特定的情境与原因，不是随机的。[③]因此有研究者从组织间关系的角度，提出交易成本经济学、资源依赖理论、战略选择理论、组织学习理论、利益相关者理论和新制度主义理论等六个方面的解释。[④]还有研究者从高校获取资本的动机、社会适者生存的法则与高校的社会责任、高校合法性的取得、产学研一体化的需求等四个方面来揭示高校参与互动的原因。[⑤]

正如复杂化组织所存在的理性、相互依赖、合法性的三重缺陷一样，[⑥]高校组织不仅仅是争夺有限理性的行动者，而且亦处于与外界环境相互渗透、相互映射的互动关系中。在这种互动关系中，高校既是原有规则的遵守者也

---

① [英]杰勒德·德兰迪. 知识社会中的大学[M]. 黄建如, 译. 北京：北京大学出版社. 2010：71.
② 赵一凡. 美国文化批评集[M]. 北京：生活·读书·新知三联书店，1994：34.
③ [瑞典]理查德·斯威伯格. 经济学与社会学[M]. 安佳, 译. 北京：商务印书馆，2003：156.
④ 庄西真. 学校为什么要与其他组织发生关系——基于组织间关系理论的视角[J]. 教育理论与实践. 2008（11）：23—27.
⑤ 刘广明. 大学边界论[M]. 郑州：河南人民出版社. 2011：106—113.
⑥ [法]埃哈尔·费尔伯格. 权力与规则——组织行动的动力[M]. 张月, 等, 译. 上海：上海人民出版社，2005：104.

是新规则的制定者。学习增加资源、提高生存能力和合法性,并为获得规范、价值、信念等在城市社会结构系统内获得认可,取得合法性以及合法性资源是高校行动的核心、本质以及重要行动逻辑。资源依赖理论的基本假设是没有任何一个组织是自给自足的,都需要与外接环境进行交换其所需要的资源。为了生存,组织必须与它所依赖环境中的组织进行互动,组织生存建立在一个控制它与其他组织关系的能力基础之上。如扩展组织间边界或改变组织结构,消除依赖的不确定性;通过连接与合作的方式如合资、联盟等策略来获取外部资源。

(三)高校与城市其他组织之间的互动边界

边界,有时也称为"界面",源于物理学和计算机学中描述不同物相之间的交界面、物理元件之间的结合部分、系统与外部输入输出的窗口,因此边界可以看成组织跨越边界与其他组织之间相互作用和联系的部分。胡建华和刘广明等在组织社会学研究基础上提出了"大学边界论",依据不同主体、边界性质和高校自身的类型等划分了不同边界。边界表征了高校的影响力及其辐射范围。[①]边界既是高校与环境或其他组织之间区分的分界线,也是高校与其他组织之间相互作用的界面。[②]高校与其他组织之间的互动界面是指高校组织内部岗位、部门各层面之间以及这些层面外溢到社会网络中后形成更为复杂的相互作用的通道或介质。如高校与政府、高校与产业、高校与其他重要的社会组织之间形成的互动界面(见图1-3)。这种通道和介质由在该平台上,岗位、部门、组织层面及附载在各层面上的人员组成。高校和其他组织互动中的跨界者(boundaryspanners),如校长、院长以及研究中心的负责人、市长、产业组织负责人、社团组织的领导等代表高校、学院和城市组织之间领导层属于互动过程中的核心,是促成高校与城市互动的关键人物。高校校董会、公共关系部门、学院、研究中心与研究所以及高校与政府或产

---

① 黄文彬. 大学场域中的边界问题[J]. 教育研究, 2011 (11): 53—57.
② 刘广明. 大学边界论[M]. 郑州:河南人民出版社, 2011: 106—113, 36.

业之间的中介机构或缓冲组织、技术转移中心等都是互动的重要平台。

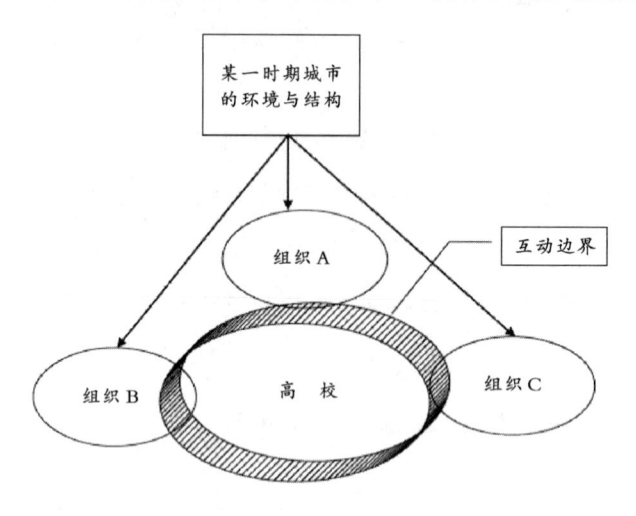

图 1-3　高等教育与城市组织之间的互动边界

知识是高校与城市互动的核心内容或要素。郄海霞在其著作中把美国研究型高校与城市互动要素分为三类九个要素：高校与政府之间围绕土地和税收；高校与产业组织之间围绕知识、技术、人才互动；高校与市民之间围绕住房、交通、环境、教育互动。由于不同的国家和地区在不同的阶段其互动的要素是不同的，但高校和城市之间互动的主要要素是"知识"。范德米尔认为高校与城市之间互动关系主要是通过高校的知识作为中介转化的[①]。高校主要的职责和范围仍然聚焦于知识的保存、知识的生产、知识的普及与推广，其他的如土地、税收、交通、环境等问题都是围绕知识这一核心要素展开的。

界面规则是在互动界面进行互动时所遵守的关系准则，是高校与其他组织之间互动交往的基础。这种界面规则包括成文规则，如高校与政府之间关于高校章程的制定、高校研究资助的获得、教师与学生的发展等等；高校与企业之间技术转让协议、学生实习协议、培训咨询方面的制度、高校与社团

---

① Elizabeth van der Meer.The university as a local source of expertise[J]. Geo Journal, 1997（4）: 359—367.

之间的资助协议、高校与其他的高等教育机构、中小学之间的正式的文本协议，等等；其次还包括不成文的规则，如高校组织自身的声誉、目标以及高校与其他组织间长久以来形成的缄默性的、不证自明的、客观存在的交往习惯，等等。

（四）所形成的互动模式

城市发展的不同时期，与高等教育之间互动的社会力量和组织不同，因此彼此之间的互动频率、互动关系的强弱就会有所不同。教会、政府、社团、产业在城市发展的特定时期与高校互动强弱是不同的，某个时期高校主要是和政府处于紧耦合型互动状态，而其他的组织则与高校处于松耦合型互动状态。其次，高校与不同组织之间会形成不同的互动模式。高校与政府之间为科层互动模式，高校与产业组织之间为契约互动模式，高校与社团之间为共同体互动模式。

举例来说，高校与政府组织之间的科层互动模式形成了三种层面的互动关系。垂直分隔：政府作为上级主导指挥，高校则处于下级配合与服从的地位。在这种关系中，两者属于相互对立或利用关系，无法与之产生紧密合作。水平互补：高校和政府开始认识到本身能力的有限性而寻求对方互补性的支援，高校脱离附和体的地位而开始学习与政府进行合作，但是相应的互动规则还不是很完善。水平融合：高校之间互动从传统的指挥与服从、配合与互补转化为协商、合作的平等关系，组织之间开始了解到彼此的重要性，通过平等、互动及相互学习的行为共同寻求解决公共事务的最佳方案。

四、分析框架的功能与局限

这个分析框架是在整理论的视域下，借鉴莫兰对于互动逻辑阐释的基础上建立起来的，为重新探讨高校与城市之间的互动提供了一个新的分析思路。

首先，这个分析框架可以适用于不同城市不同时期的互动发展研究，考虑到了不同时期城市发展和高校发展的特殊性，具有广泛的适应性。分析某一个城市不同时期的城市环境与结构、高校与其他系统或组织的互动界面和互动模式，是在总体上识别城市与高校之间关系、探究高校与城市和谐发展的前提。通过对不同时期的互动模式，从源头探寻高校与城市之缘，厘清高校与城市发展之间的演变脉络，既有助于丰富高校与城市发展的研究理论，也有助于我们更加清晰地把握区域高等教育的发展模式，为区域高等教育的和谐发展提供现实反思与历史参照。

其次，可以解释城市中高等教育功能的发挥以及由此带来的正向和负向作用。基于特定时期的互动模式一旦形成，会形成高等教育功能锁定效应（Lock-ineffective），造成高等教育功能的溢出和内卷。溢出是指高等教育在最初所具备的功能上不断衍生出来的其他新功能的现象。首先是高等教育在功能种类上有所增加；其次是新功能是在原有旧功能的基础上产生的，与原有功能有天然的联系。如高等教育的政治、经济功能都是在城市社会变迁的基础上，为了适应社会需求并在新的环境生存条件下逐步衍生出来的，不能脱离最基本的育人功能。内卷是指高等教育基础性功能随着城市政治或经济环境的变化而出现的弱化现象。恰如克尔曾经所批评的那样，高等教育社会功能中过于重视政治功能和经济功能而忽视文化、育人功能。有些人试图使高校部分地成为教堂、政党、父母亲的替代人、商业管理单位、替代的政府、公司城市，但是这些都不是高校应该行使或能够有效地行使的角色[①]。

最后需要说明的是，城市是一个复杂的开放的巨型系统，高校也类似于建立在复杂性基础上的浑序组织[②]：它有共同目标和基本原则，整体和部分都是自组织和自支配的；从周遭获取权力，从核心获得统一，它的目的和原则具有持续性，形式功能具有可变性；它持续不断地从扩展的轮回中学习、适应、改进和演化。从这个意义而言，城市社会和高校组织本身具有复杂性，虽然笔者试图建构一个较为贴切的分析高校与城市互动的路径，但仍然不可

---

① [美]克拉克·克尔. 高等教育不能回避历史——21世纪的问题[M]. 杭州：浙江教育出版社，2002：223.

② 金吾伦. 浑序组织——一种建立在复杂性基础上的新型组织[J]. 自然辩证法通讯，2002（4）：74—78.

避免地会陷入一种不自量力的管窥蠡测的隧道视线（tunnel vision）的错误。

第三节 研究概念与方法

一、研究概念界定

选取澳门地区高等教育与城市之间的互动关系作为研究对象，首先要确定研究范围，可以从时间及空间上对其加以确定，从而确定整个研究的起点和基调。由于澳门高等教育研究史上圣保禄学院和圣若瑟大学在历史上的断裂，所以研究的时间向度上以澳门现代高等教育为主体，在资料的诠释与逻辑思考上，陈列方式主要是以时间序列为分析模型；在空间向度上则以澳门城市作为研究的空间范围。

研究概念界定：

1. 澳门城市：城市为"城"与"市"的结合。城即人口聚集之地，属于行政区域的概念，市即商品交换之场所，属于商业范畴的概念。澳门成为城市始于16世纪中叶这段时间。澳门最早定居的居民大约出现于14世纪80年代末期，在望厦村一带以农耕种植、捕鱼贸易为特征的散居状态，之后逐渐形成村镇。[①]1554年澳门被准许成为葡萄牙的自由贸易区，澳门正式开埠，标志着"市"的城市概念的形成。此后不久的1558年，随着航海中转贸易的兴盛，聚集于澳门的人口已经达至千人以上，形成早期的城市。鸦片战争后，澳门进入了近代都市时期；20世纪30年代为澳门的现代化建设时期。由于澳门城市微小，在本研究中澳门城市与社会是个相近的概念，澳门城市往往也就代表了澳门社会。

2. 澳门的高等教育：高等教育是一个复杂的系统，其中既包含了坚定的信仰和理性的上层建筑（rational superstructure），也包含了不同国家或民

---

① 刘先觉. 澳门城市发展概况[J]. 华中建筑，2002（6）：92—95.

族的趣味与偏好。①高等教育的重心在于"教育","高等"的目的就是为了实现高等教育或最高等的教育,是针对学生所要学习知识的程度而言的。"高等"的理念意味着在概念、理论以及行动上对既定意愿的超越,而非受制于它。②高校与高等教育的区别在于:高校作为制度化的智识生活场所,崇尚科研、自治和自由;而高等教育作为一种人类的教育成就,其重要目标在于人的形塑、启蒙和解放。③

澳门第11/91/M号法令《澳门高等教育法律制度》明确了在澳门地区从事高等教育活动的一切公立和私立教育机构的组织与运作的相关规定,其法律渊源包括澳门高等教育法及有关大专院校的章程。澳门高等教育被界定为包括大学教育和高等专科教育。其中大学教育在高校进行,以澳门大学为代表。高等专科教育在理工学院和专科学校进行,以澳门理工学院为代表④。公立的高校或学院是公共法人(即政府依法设立并具有公法人地位的机构),但享有学术、教学、行政和财政的自主权。法律规定,发展高等教育的目的是要培养在科学、技术、文化领域中的专门人才,使之能从事专业工作,参与澳门的建设与发展;同时,通过向市民提供延续教育,促进科学研究和发明创造,促进科技交流及信息的传播。所有高等教育机构均需依法制定其章程,并由总督训令批准并在政府公报上公布。高等教育与高校之间存在着互相包含的关系而不是相互取代的关系。本研究所指代的高校主要是指澳门所有开办高等教育课程的公立及私立院校,不包括单独设立的高等研究机构,如联合国技术大学软件研究所及欧洲研究学会。

3. 高等教育扩展:扩展为扩张、发展之意。马丁·特罗就高等教育扩展提出了精英—大众—普及化等三阶段理论,影响最为广泛。高等教育毛入学率在15%及以下时为精英教育阶段,达到16%而未达到50%时为大众化阶

---

① 瞿葆奎. 教育学文集·教育与教育学[M]. 北京:人民教育出版社,1993:36.
② [美]罗纳德·巴尼特. 高等教育理念[M]. 蓝劲松,译. 北京:北京大学出版社,2012:75.
③ 王建华. 什么是高等教育[J]. 高等教育研究,2012(9):1—6.
④ 张晓京. 99回归前后的澳门高等教育[J]. 北京高等教育,1999(10):15—17.

段，超过50%及以上时就为高等教育的普及化阶段。①特罗对于每个阶段高等教育以及社会所表现出来的特征做了系统的归纳与总结。虽然特罗本人一再强调不能直接按照这个理论标准生搬硬套，但是大多数研究者已经将其奉为验证高等教育扩展的尺度。高等教育扩展分为外延式和内涵式，外延式的扩张主要论及高等教育学校以及学生规模的扩展、教育层次的扩展和学科意义上的扩展；内涵式的扩展主要论及高等教育质量提升、层次学科结构进一步优化的过程。本文主要指的是澳门高等教育外延式的扩展，当然也提到了澳门高等教育质量提升、层次学科结构的优化等不同的维度。

逻辑（logic），又称理则、论理、推理、推论，是有效推论的哲学研究。②逻辑本身就指的是推论和证明的思想过程。《斯坦福哲学百科》称逻辑为"无论如何都无法涵盖住整个有效的推理，那是理性理论的工作"。更明确地说，逻辑处理一种推论其有效性可追溯至包含着推论的表述的形式特征，大多是语言的，其他如心理的，或其他的表述的也兼而有之。要回答澳门高等教育扩展的这一事实与现象，有必要采用逻辑推理中的溯因推理。溯因推理首先源于"事实集合"的研究，并从这些"事实集合"推理最合适的解释的过程。③换言之，即推理到最佳解释的过程。溯因（abduction），意味着通过生成假设来解释观察或结论，因此本文所理解的逻辑就是一种推理或者推论，而溯因推理就是对于现象的原因进行推论和解释。从这个意义上来理解高等教育扩展的逻辑，其解释对象在于扩展，逻辑是针对扩展本身的。"高等教育扩展的逻辑"是对影响高等教育扩展的原因解释，而"高等教育的扩展逻辑"重点在于高等教育，是对高等教育扩展呈现何种形态的回应。因此本文使用"高等教育扩展的逻辑"而非"高等教育的扩展逻辑"。

---

① 阎凤桥. 高等教育规模可持续扩张的制度保障[J]. 高等教育研究，2011（9）：6—13.
② Richard Henry Popkin, Avrum Stroll.Philosophy Made Simple[M]. New York: Random House Digital, Inc.1993: 238.
③ T. Eiter, G. Gottlob.The complexity of logic-based abduction[J]. Journal of the ACM, 1995 (1): 3—42.

二、研究方法

1. 文献研究。文献研究是根据研究主题通过收集有关文献资料从而能全面正确地掌握研究动态，经过分析归纳和整理研究主题的背景、内容和意义等等，主要目的在于了解过去、洞察现状和预测未来。在前期研究阶段，笔者收集了与主题相关的期刊论文、研究报告、澳门政府出版品、港澳地区报纸、传媒网页等资料，在对高等教育扩展、高校与城市互动、澳门高等教育等研究成果的阅读整理、描述、分类及比较诠释基础上，以期对研究主题有初步的了解并提出研究基本框架，形成研究基础。

案例研究。在院校研究中，案例研究是一个比较合适的突破口，一种比较有效的研究方法。[①]案例研究就是选取典型意义的片段加以分析，并运用历史或访谈资料加以佐证，提高研究整体的说服力。本研究中主要采用了澳门高校在高等教育转型与发展过程中的一个学术基层组织以及一次事件为基本分析单位，希望更加生动地展现高校与城市互动交往的实践，作为对理论研究的例证。

统计分析。统计分析便是利用社会现象相关的数学模型、理论或假设利用统计、数学或计算技术等方法来对社会现象进行系统性的经验考察。在通过实地寻访、网页查找、邮件咨询等方式收集和比对国家统计局、澳门特别行政区政府、澳门统计暨普查局、澳门财政局、高等教育辅助办公室、澳门青年暨教育局等相关机构提供数据的基础上，构建并修正模型计量澳门高等教育对经济增长的贡献率；运用协整分析、格兰杰检验等统计原理分析澳门经济与高等教育之间的关系，并得出研究结论，以此作为理论研究的佐证。

---

① 刘献君. 努力将中国院校研究推向一个新阶段[J]. 高等教育研究，2007（9）：25—28.

第二章　遗传与环境：澳门高等教育扩展的时空

任何类型的大学都是遗传和环境的产物，因为大学本身就是承继西方文明的机构，他同动物和植物那样向前进化[①]。在时间与空间两种影响因素的作用下，高校与环境的互动中有两种比较极端的作用方式：一种是互为因果导致的相互肯定、互相调节，在这种状态下高校组织结构稳定、高校可以维持持续发展的状态；另一种则是相互否定，就意味着高校调节功能遭到破坏或者不稳定以及相应的高校发展受到挫折。当然，在高校与城市环境的互动当中都存在相互肯定和否定的方式。本章将从澳门高校与城市发展的互动历史、澳门城市客观环境以及社会结构等对高等教育的制约和影响三个维度来展开论述。

第一节　澳门高校与城市发展的互动史

作为一种社会建制的高等教育，它受城市社会的自然地理、政治、经济、文化等要素的制约，并对城市的发展产生深刻的影响[②]。高等教育培养人才、科学研究、服务社会等基本职能的产生、发展、演变与城市社会不同阶段的需求息息相关。在四百多年的历史长河之中，澳门高等教育既经历了中世纪

---

① [英]阿什比.科技发达时代的大学教育[M].滕大春，等，译.北京：人民教育出版社，1983：7.
② 贝磊，古鼎仪主编.香港与澳门的教育与社会——从比较角度看延续与变化[M].香港：香港大学比较教育研究中心，师大书苑.2005：66.

昙花一现的辉煌和过渡前百年沉寂的无奈，也迎来了过渡期间现代高等教育勃兴以及回归之后的共荣。在这样纷繁复杂的演变历程里，高等教育与城市开埠同步起源是否属于巧合？高等教育与城市发展之间相互制约与促进的关系如何表现？这些关系与别的地区相比又有何特殊性？这些问题都成为现今及以后澳门特区高等教育与城市发展之间的关键所在。因此，从源头探寻澳门高等教育与城市之缘，厘清高等教育与澳门城市发展之间的演变脉络，既有助于丰富澳门高等教育史的研究内容，也有助于我们更加清晰地把握澳门地区高等教育的模式，为澳门地区高等教育的发展提供历史参照与现实反思。

一、开埠：中世纪学院与城市的结缘

澳门作为一个城市始于开埠，开埠意味着澳门开始成为商埠并展开贸易活动。汤开建考证后认为澳门开埠的具体时间为明嘉靖三十三年，即公元1554年。①葡萄牙史学家施白蒂（Beatriz Basto da Silva）在《澳门编年史》中有记载：终于在1554年，葡萄牙指挥官莱奥内尔·索萨（Leonel de Sousa）得到了广州中国官员的信任，只要缴纳合法贸易的税款葡萄牙就可以在澳门进行自由贸易。②1594年，远东地区的第一所欧洲中世纪式的高等教育机构——圣保禄学院创立。圣保禄学院的创立无疑与澳门开埠之后拥有一定数量的人口和较为充裕的物质基础相关，但为何在开埠不久澳门就能够成立一所高等教育机构？同美国早期殖民地学院建立的原因一样，宗教是最值得考虑的因素。

（一）宗教输出与中世纪学院的落成

葡萄牙作为欧洲宗教改革运动的中心之一，在16世纪中叶正当葡萄牙

---

① 汤开建. 澳门开埠事件考[J]. 暨南学报（哲学社会科学版），1998（2）：72—83.
② 施白蒂. 澳门编年史：十六世纪[M]. 澳门：澳门基金会，1995：12.

称霸海权的时代,有极其强烈的宗教输出意识①。因此,积极地扩大天主教影响并主动向外输出宗教意识形态是葡萄牙的重要目标。1578年范礼安向耶稣会建议在澳门建立一所高等学院专门培训与输出远东地区的传教士。1594年12月1日,小学性质的圣保禄公学升格为圣保禄学院(Colégiode So Paulo)(或称天主圣母学院),俗称"大三巴"。这是东亚地区的第一所高等学院,为澳门教育史揭开了西式教育的新一页②。两个世纪之后,1728年创办的圣若瑟修院(Semin rio de S.José)是耶稣会在澳门创办的第二所高等教育机构,因规模较小被称为"小三巴"或"三巴仔"。它坐落在澳门东南部莫菲诺的小山上。圣保禄和圣若瑟因为意外火灾以及反耶稣会风潮都曾历经两次关闭的过程。

(二)中世纪学院对澳门城市的影响

在共计一百多年的办学历史中(圣保禄为168年,圣若瑟为128年),圣保禄培养了约400多名学生,圣若瑟可查的也有18名学生。葡萄牙把澳门变成了欧洲传教士的培养基地,圣保禄学院和圣若瑟修院对澳门城市的发展产生了重要的影响。

第一,为城市政府培养大批翻译人才。圣保禄和圣若瑟实施的是神学教育,其宗旨是培养学员的虔诚信仰,为教会和更大范围的世俗社会服务。马斯登在评论早期哈佛学院时认为即使在宗教主导的社会里,神圣和世俗也没有什么迥然不同之处,传统的基督教高校既服务于教会也服务于现世社会③。这种双重导向使得这两所学院培养了很多具有宗教特征的政府部门翻译员。如伯多禄(Pedro Nolasco da Silva)、江沙维(Joaquim Afonso Gonçalves)、玛吉士(José Martinho Marques)、龚萨维斯(João Rodrigues Gonçalves)④等人

---

① 谢素科,黄虎.近代早期葡萄牙东方战略要地选择的宗教因素——以澳门为载体的构建[J].文史博览(理论),2011(4):4—5.
② 朱晓秋.澳门第一所高等学院——圣保禄学院[J].广东史志.1999(4):13—17.
③ [美]乔治·M·马斯登.美国大学之魂[M].徐弢等译,北京:北京大学出版社,2009:43.
④ 叶农.试述澳门圣若瑟在遣使会管理时期1784-1856年的发展[J].学术研究,2005(12):88—92.

都曾在政府任职。第二，学院的附属机构间接为市民服务。1594年圣保禄学院成立之初开设了医务所和药房，这个药房配有西方药典、东方草药以及当时最先进的化学药品①。1627年和1648年澳门瘟疫爆发、物资匮乏之际，圣保禄学院不仅救治百姓、施舍药品，还开放食堂、发放粮食和衣物等救济品，赢得了当地居民的普遍尊重。第三，提高了澳门的知名度。在近代中西方文化交流史上，澳门具有重要的桥梁作用。②圣保禄和圣若瑟修院主要招收欧洲来华的耶稣会士和中国及东南亚地区的教徒，开设人文、哲学和自然三类课程，西方人在此进修主要是学习汉语和通晓中国礼仪，而华人主要研习西方文化，如拉丁文和西方神学。澳门是中西文化交流的荟萃之地，其中耶稣会士是中西文化交流的主角，担负着这场交流运动的指挥机关的作用③。艾儒略（Jules Aleni）、利玛窦（Matteo Ricci）、金尼阁（Nicolas Trigault）、汤若望（Johann Adam Schall von Bell）、徐日升（Tomás Pereira）、南怀仁（Ferdinand Verbiest），以及中国的吴渔山、陆希言等人介绍、翻译、研究中西方文化典籍和宗教著作。大量人才的涌入，氤氲了修院强盛的学术风气，使名不见经传的蕞尔之地的澳门成为西方与东方技术交流，汉籍与欧洲书籍的传播与交流的重镇。

（三）中世纪学院与居民之间的合作与冲突

圣保禄学院在课堂教学过程中紧密联系社会。学院既让学生参与社会活动，并将所学知识用于实际，也经常邀请社会名流，包括其他修会会士参观学校，听学生讲演并提出批评建议。另外，每逢周五学生们会手擎十字架以及其他圣物，参加由院方举办的圣像游行，或其他的慈善活动。每当有重大节日来临或教区组织活动时，该院均让学生参与，同其他教友一起从事宗教

---

① 李向玉.汉学家的摇篮——澳门圣保禄学院[M].北京：中华书局：2006.142.
② 黄鸿钊.近代澳门在中西文化交流中的地位和作用[J].中国边疆史研究，1994（2）：1—12.
③ 李向玉.圣保禄学院在中西文化交流中的作用及其对我国近代教育的影响[J].清史研究，2000（4）：77—82.

传播活动。这种坚持教学与实践相结合的教学方式使得信仰天主教的学生们的宗教信仰日益坚定和虔诚。

澳门宗教气氛浓厚,传统的儒道佛与基督宗教以及伊斯兰教、巴哈依教等多种宗教并存,因此不同信仰的教徒之间的冲突也不可避免。圣保禄学院的学生经常与异教徒发生冲突,骚扰异教徒居住的村庄并捣毁异教崇拜物。这种行为致使异教徒非常愤怒地去澳门市议政会告状,使市政当局不得不抓几个圣保禄学院的学生以平息异教徒的民愤。[1]值得注意的是,这种冲突与中世纪牛津与牛津城(Town and Gown)之间冲突有所不同,圣保禄学院与居民之间冲突并不是一般意义上世俗利益冲突或人际争端,而是基于宗教意义上的意识形态冲突。

二、过渡:现代高等教育与城市勃兴

有学者指出,澳门高等教育虽然有长远的历史,但现代高等教育发展却是近几十年的事情[2]。两所中世纪学院在 1728 年关闭之后,澳葡政府对澳门一直采取"只取不建"的态度,高等教育发展进入沉寂期并一直持续到 20 世纪上半叶。20 世纪初到 50 年代,澳门高等教育进入了内地知识分子办高校阶段,内地高校为了躲避战乱纷纷来澳办学。[3]最早的是 1900 年格致书院(岭南大学的前身)为躲避义和团灭洋运动而迁至澳门。抗日战争时期,有更多的高校迁入澳门,如越海文商学院、华侨高校、华南高校和中山教育学院等。由于澳葡政府对这些高校不予承认,这些高校只提供类似于补习式的专科教育,最终都因为生源不足而相继倒闭。除此之外,一些葡萄牙学者也曾多次筹划直接开办澳门本地高校但都未成功[4],截至 20 世纪 60 至 70 年代

---

[1] 李向玉. 澳门圣保禄学院研究[M]. 澳门:澳门日报出版社,2001:107—108.
[2] 于汝霜. 高等教育生态学视野中的澳门高等教育的发展[J]. 理工高教研究,2009(3):108—110.
[3] 古鼎仪,马庆堂. 澳门教育——抉择与自由[M]//徐国辉. 从公营到私营:澳门高等教育的发展. 澳门:澳门基金会,1994:60—69.
[4] 刘羡冰. 澳门教育史[M]. 北京:人民教育出版社,2002:73—77.

澳门未出现任何正规的高等教育机构。1981年私立东亚大学落户澳门标志着澳门现代高等教育的肇始，但是这并不是真正意义上澳门本土指向的高校，因为它主要招收香港学生。

(一) 过渡期"三化"对高等教育的需求

1988年1月15日，中葡两国政府签署的《联合声明》批准书生效，澳门由此进入为期12年的过渡期。在澳门，1988年1月15日至1993年3月31日《澳门特别行政区基本法》(以下简称《基本法》)诞生的这段时间为前过渡期；《基本法》诞生至1999年12月20日中国政府对澳门恢复行使主权的时期为后过渡时期。过渡期的主要目标与任务就是保持社会政治稳定，保持社会经济发展，为平稳过渡和政权顺利交接创造积极有利的条件。

为了确保澳门政权顺利移交，过渡期内澳葡政府在中方的督促下采取了三项具有重要意义的措施：公务员本地化、法律本地化和中文官方化，合称"三化"。首先，澳门《基本法》规定特区公务员必须是澳门永久性居民，改变原来由葡萄牙人、土生葡人长期把持政府高中层职位而华人被排除在外的状况，逐步过渡到各级公务员由澳门永久性居民来担任。其次，澳门在澳葡时期的法律全都是源自葡文而且十分琐碎，迫切需要将此等法律加以清理订正，使之成为主权移交后适用于澳门的法律。最后，葡治时期葡文一直是官方语言而中文没有官方地位，对于主要以华人居民为主的澳门来讲是不利于居民和不利于经济发展的突出障碍，需要通过法律手段明确中文在澳门的官方地位。"三化"中，中文官方化是体现政权交接、实现澳人治澳的基础；公务员本地化是政权顺利交接的保证；法律本地化是促进平稳过渡，维持社会安定繁荣的条件。重点培养和造就三化人才是澳门平稳过渡的前提。[1]澳葡政府认为培养"澳人治澳"的人才是澳门政治权力顺利交接的重要保障。为了配合过渡期发展的需要，培训和提升本地区的人力资源素质，澳门政府和民间社会开展了一系列的举措建立了澳门现代高等教育体系。

---

[1] 阿明. 突出中心环节, 兼顾各线发展是澳门后过渡期人才培养的重要任务[J]. 中国成人教育, 1997 (2): 45.

（二）澳门现代高等教育体系的建立

第一，收购东亚大学及相应的转制与公立高校体系建立。1981年，三位香港人在澳门创办了私立东亚大学，开辟了澳门现代高等教育新纪元。但由于东亚大学的私立性质，东亚大学成立十多年时间内招收的学生大部分来自香港而很少有澳门学生，无法有效地满足澳门社会发展需要[①]。因此，1988年澳门基金会代表澳葡政府收购了东亚大学并进行了改制，设立文学院、工商管理学院、社会及人文科学学院和科技学院，将学制三年制改为四年制；随后又设立法学院和教育学院，教学语言仍以英语为主，逐渐过渡到招收澳门本土学生为主。1991年制定了澳门高校章程，东亚大学正式更名为"澳门大学"，以培养澳门学术人才为目标。为加速培养澳门社会急需的应用型人才，1991年9月16日公布的第49/91/M号法令规定在东亚大学理工学院的计算机、酒店管理、旅游和社会工作等理工教育课程基础上成立单独的澳门理工学院。1995年，理工学院的旅游管理、酒店管理专业与澳门旅业和酒店业学校合并成立了澳门旅游培训学院，培养澳门旅游方面人才。再加上早在1988年成立的旨在培养保安人才的澳门保安部高等学校，这四所公立院校组成了过渡期澳门公立高校的格局。

第二，私立高校的兴办与升格。1988年，东亚大学中未被收购的公开学院和研究生院组成了私立的东亚公开学院。1992年该学院与葡萄牙国立公开高校联合办学组成了私立的、以遥距教学为主的亚洲（澳门）国际公开大学。隶属于镜湖慈善会的镜湖护士助产学院在1999年升格而成高等教育机构，并易名为澳门镜湖护理学院。1996年8月11日设立的澳门高等校际学院隶属于澳门天主教高校高等教育基金，由葡萄牙天主教高校和天主教澳门教区合办。1996年澳葡政府第206/96/M号训令承认天主教高校高等教育基金为拥有一所私立高等教育机构之实体，并准予设立澳门大学校际学院。后来校名因为容易产生异议而更名为澳门高等校际学院。其办学目的是为促进澳门

---

① 谢安邦，张红峰. 澳门回归十年高等教育的发展历程研究[J]. 高教探索. 2009（6）：5—9.

及所属地区的发展培训优质人员；提供高校高等教育；发展科学技术研究、传播知识以及促进文化交流。

过渡期间境外机构还设立了两所研究机构，隶属于联合国大学的国际软件研究所于1992年7月开办；隶属于欧盟的澳门欧洲研究学院于1995年10月开办。总而言之，过渡期的澳门面临了前所未有的发展机遇，属于高等教育极其重要的发展期，澳门从原来的仅有私立东亚大学迅速发展到回归前公立与私立高校多元化并存的格局，至此奠定了澳门现代高等教育的发展基础。

（三）过渡期澳门高等教育成效及潜在矛盾

正如牛津大学校长约翰·胡德在复旦校庆论坛所主张的那样：高校能为城市带来的最重要的礼物也许就是培养未来的领导者和市民[1]。过渡期澳门高等教育正是满足了这两方面的需要，既满足了"澳人治澳"的需要，为澳门回归奠定了人力资源基础，也提高了澳门市民的整体文化水平。

首先，培养了政府急需的大量公职人员，满足了"澳人治澳"的人才需求。公立高校在公务员培养、在职教师培训、法律与翻译人才培训上成效卓著。如澳门高校的法学院、葡文学院、中文学院及理工的语言暨翻译高等专科学校、管理科学高等专科学校等都是直接为"三化"开设的院系和课程。葡萄牙学者José Alberto Correia Carapinha认为澳门大学不论是在颁授法学学士学位、巩固院方教师队伍还是开办法律硕士课程，都为澳门过渡做出了贡献。[2]据统计1987年澳门公职人员中具有高中及以上学历的仅占15.58%，并且其中大部分聘自葡国，而在1999年澳门回归之际，拥有高等专科以上学历的公务员达到了20%。[3]过渡期建立的现代高等教育体系尤其是政府举办的公立高校基本满足了社会快速变革的需求，高校的社会服务职能彰显，尤其是四

---

[1] 约翰·胡德.大学对城市的影响[J].复旦教育论坛，2005（6）：15—17.
[2] José Alberto Correia Carapinha.澳门的政治及立法过渡[J].行政.1997（1）：205—212.
[3] 曾庆彬.澳门特别行政区公共行政人力资源管理变革[J].行政，2003（4）：1193—1203.

所公立高校在培训和提升本地人力资源方面担当着最为关键的角色。

其次，从整体上提高了澳门居民的文化水平。由于回归效应的拉动以及终身教育理念的初步确立，各高校开设了多样化短期证书课程以及学位后课程。1991年颁布的《澳门教育制度》中明确指出对未接受或未完成正规教育的人士提供教育，促进公民参与多种形式的教育文化活动。1992年澳门高校成立了校外课程及特别计划中心，开设针对本地区的成人教育、延续教育课程，满足不同人士的需求。澳门理工学院既有高等专科学位课程，也有高级文凭、文凭证书课程。理工学院1993年开设了成人教育暨特别计划中心，开展英文、日文、普通话、会计、公务员培训等312个文凭或证书课程，共计有6633人次参与。

最后就澳葡政府发展高等教育的一系列举措来看，澳葡政府发展高等教育具有很强的针对性和现实性，也反映了中葡两国政府为实现政权交接、平稳过渡和提高本地区人力资源的急切愿望。尤其是在高校课程设置上充分反映了短期培训的倾向，有学者针对这种倾向指出：高等教育机构的工作不止为推出一批"即时可用的制成品"，亦非只为展示大量的资料，而应该启发学生的创造力，发展学生的才能并给予指引。[①]过渡期内，高等教育规模的急速扩展奠定了现代高等教育体系，但在切实为澳门竞争力发展人力资源创造长远有效的机制和平台欠缺相应的考虑。

三、回归：现代高等教育与城市共荣

1999年12月20日澳门回归祖国，澳门特别行政区成立，从此澳门各个领域翻开了新的一页。澳门回归祖国以来，在中央政府的支持下与澳门全体社会的共同努力下，充分利用"一国两制"和"澳人治澳"的政策优势和自身历史条件累积的种种有利条件，促进了澳门经济持续高度增长，使社会整

---

① Dr Jorge Bruxo. 高等教育机构与政府机关之合作[A]. 澳门高等教育国际研讨会论文集1995年[C]. 澳门大学，1995：154.

体水平不断地进步。因此,澳门的发展成就得到了国际社会的广泛认同和肯定。回归之后,进一步完善了高等教育体系,开始关注高等教育体系质量保障与内涵建设,高等教育与城市之间的互动愈来愈频繁和深入。

(一)回归之后澳门的政治与经济

澳门回归祖国以后,澳门社会政治经济面貌焕然一新。澳门特别行政区的治理原则是"澳人治澳、高度自治",特色是行政主导、立法制衡、司法独立,澳门享有行政管理权、立法权、独立的司法权和终审权,同时根据"五十年不变"的精神与旧政制相衔接。澳门可保持自由港、单独的关税地区和国际金融中心的地位,并在贸易与金融、航运与通讯、旅游与文化体育等各项领域以"中国澳门"的名义单独与世界各地区和有关的国际组织发展合作关系。

特区政府在分析澳门的社会发展形势和环境的基础上确立了"固本培元、稳健发展"的施政理念,明确了澳门以旅游博彩为龙头、以服务业为主体的经济发展定位。2001年8月30日澳门立法会通过了第16/2001号法律,其中的第二章第七条规定:经营娱乐场幸运博彩之批给最多为三个[①],打破了澳门持续了近40年的博彩专营制度。在博彩业经营权开放以来,澳门博彩业取得了超常规快速发展的同时,产业结构出现了明显的单一化倾向,给澳门社会政治经济也带来隐忧。为了促进澳门社会政治经济的可持续发展,2008年针对澳门经济适度多元化的转型升级的现实情况与趋势,国家发改委明确将澳门经济发展特色定位为打造世界旅游休闲中心。2010年特首崔世安在上任后的第一个年度施政报告中明确表示澳门要依循经济适度多元化发展的路向,并认为特区政府将鼎力推动经济的多元化发展,培育新兴产业,扶持中小企业的发展,并优化人力资源。[②]

---

① 第16/2001号法律,2001-09-24.《澳门别行政区公报》第三十九期第一组. 订定娱乐场幸运博彩经营法律制度[Z].
② 港澳经济年鉴2010[M]//崔世安. 澳门特别行政区政府2010年财政年度施政报告[A]. 北京:港澳经济年鉴社,2010:76—85.

（二）现代高等教育体系的发展

回归以来，澳门的社会发展尤其是经济领域的快速发展推动了各行业的迅速发展，更重要的是回归使澳门教育确立了主体性，强化了服务澳门的目的和功能。崔世安在澳门大学典礼上致辞时认为澳门应该高度重视发展高等教育事业，尤其是贯彻"教育兴澳"的目标、落实"以人为本"政策，不断完善高等教育制度以及法律法规以增强高等教育整体竞争力，配合澳门经济社会可持续发展。[①]

2000年7月，特区政府批准原来隶属于澳门管理专业协会的澳门管理学院，正式升格为一所高等教育机构。学院以培养专业化的管理人才为目标，开办学位课程及为澳门各行业提供全面企业管理课程，以适应工商界、公共机构及其他性质机构对会计、管理理论和应用相结合的发展需求。同年，精英教育发展股份有限公司成立了澳门科技大学并得到了政府的认可以及政府划拨的21万平方米的土地，是澳门校园面积最大的一所私立综合型高校。高校设有八个学院和一个通识教育部，以培养具有实际能力的中高级人才为目标。2001年8月，澳门特区政府承认"创新教育社股份有限公司"为一所私立高等教育机构的拥有人，并准许其开办中西创新学院。中西创新学院以招收旅游博彩业从业人员为主，以提高博彩业员工的整体素质为目标。

表2-1 回归之后澳门现代高等教育体系

性质	现名	曾用名	举办主体	举办时间
公立	澳门保安部队高等学校	—	澳门政府	1988
	澳门大学	—	澳门政府	1991
	澳门理工学院	—	澳门政府	1991
	旅游学院	澳门旅游培训学院	澳门政府	1995
私立	澳门城市大学	亚洲（澳门）国际公开大学	国际出版、遥距培训及教学有限公司	1992

---

① 崔世安.加强区域合作，发展澳门高等教育[J].理工学报，2002（2）：5—8.

续表

性质	现名	曾用名	举办主体	举办时间
私立	圣若瑟大学	澳门高等校际学院 澳门大学校际学院	葡萄牙天主教大学与天主教澳门教区合办	1996
	澳门镜湖护理学院	澳门私立镜湖高级护士助产学校	镜湖医院慈善会	1999
	澳门管理学院	—	澳门管理专业协会	2000
	澳门科技大学	—	澳门科技大学基金会	2000
	中西创新学院	—	创新教育社股份有限公司	2001
	联合国大学国际软件技术研究所	—	联合国大学	1992
	欧洲研究学会	—	欧洲联盟	1995

至此，澳门搭建起了由 12 所在办学实体、招生对象、教学语言、课程设置等方面各有侧重的多元化的现代高等教育系统（见表 2-1）。

（三）高等教育与城市的全面与深度互动

回归以后，澳门高等教育发展经历了平稳过渡、跳跃发展、停顿回落、稳定发展等四个阶段。[①]在此过程中，澳门高等教育与城市社会之间的互动愈来愈频繁和紧密，主要表现在课程设置和科学研究的应用取向。首先从过渡期单一重视与政府、社团之间的互动扩展到与经济、文化领域互动，其互动广度有所增加，社会对高等教育依赖更趋明显，其次是高等教育在人才培养与科学研究方面取得了引人瞩目的一系列研究成果，为澳门城市社会发展做出了应有的贡献，高等教育城市之间合作深度更趋深入。

第一，开办或调整课程设置因应社会需要。一方面，特区政府、相关的产业组织以及社会团体较为关切高校开办切合澳门社会实际需要的课程，另外一方面，高校根据实际需要调整课程设置。为配合 2005 年澳门历史城区申报世界遗产，以及本澳社会经济的多元化发展的需要，开办了关于文化遗

---

① 谢安邦，张红峰. 澳门回归十年高等教育的发展历程研究[J]. 高教探索，2009（6）：5—9.

产管理及旅游会展方面多项课程。另外也为了 2006 年澳门作为葡语国家经贸平台建设的要求，部分高校调整了课程科目，增加有关葡语地区政治、经济、文化和地理等方面的教学内容。而为逐步开展通识教育，部分院校也增设了人文及社会科学、艺术及体育等选修科目。

第二，科学研究结合社会实际。如澳门高校"珠江口难降解有机物高污染区的形成和影响研究""澳门汽车尾气污染评价和控制策略"，与气象局合作的"空气质素智能预报系统"，为 2005 年澳门东亚运动会开发的电子售票系统；理工学院的"澳门中小企业的生存和发展""澳门与珠江三角洲地区的经济合作""赌权开放的制度效应"；旅游学院的"分析旅客满足感与对澳门旅客服务及产品印象""酒店业人力资源管理监控系统"及"旅游需求预测系统"等课题直接服务澳门的经济与社会实际需要。此外还成立了多个着重于应用研究的研究中心，如澳门高校博彩研究所、资讯与通讯科技教育研究中心、理工学院的旅游博彩研究中心。

纵观此阶段，高等教育的科学研究水平不仅能够提升澳门对外的科技竞争力，而且能够在当前特殊的经济环境下对产业升级起到推波助澜的作用，充分体现了普及化阶段澳门高等教育的实用性特色。各高校普遍设置工商管理、旅游博彩管理、酒店管理等实用专业，人文类学科受重视程度相对较弱，理工类学科起步晚。高校作为社会的"服务站"，其课程设置、研究倾向无疑在一定程度上是澳门社会经济结构的反映，但城市社会不仅需要"职业训练场"，更需要能引领社会的高校[①]。高校固然不能遗世独立，但应当有独立与自主；固然不能自外于人群，但亦不能随外界政治风险或社会风尚而盲目乱转。高校应是时代之表征，应反映一个时代之精神，但高校也不是风向的定针，应有所守、有所执着，以烛照社会之方向。[②]

---

① 焦磊. 微型社会高等教育发展比较研究[D]. 华东师范大学，2013：75.
② 金耀基. 大学之精神[M]. 北京：生活·读书·新知三联书店，2001：24.

四、高等教育与澳门之间的共生关系

教育就像扎根于土地上的一棵大树，一方面要从社会土地上摄取丰富的营养，另外一方面又将结出的丰硕果实奉献给社会；在这个过程中，它首先必须适应社会土壤的特点，而它的生存与扩展又对社会土壤改造起着特定的作用[①]。总结来说，澳门高等教育与城市表现出一种相互依赖相互制约的共生关系，这种共生关系与其他地区相比具有如下特点：这种共生关系首先表现为一种基于宗教传播的同源共生，澳门开埠的同时高等教育也由此产生；其次这种共生关系不是一体化共生或连续共生而是间歇共生，由于澳门社会政治的影响，高等教育在澳门一度近乎绝迹，同样因为澳门社会政治的转变，现代高等教育在过渡期迎来了重要的发展契机；高等教育与城市之间其他共生单元之间表现为多元共生，高等教育与城市社会中无时无刻不与宗教、政府、经济、社团等多重单元发生着联系，而且他们之间的互动从来都不仅仅是单向或双向的；对于澳门城市而言，在多元共生的模式下高等教育与政府、市场之间的交流相较于其他的宗教、社团等交流更为频繁、深入，属于非对称互惠共生关系。

高等教育能否很好地为城市社会服务并发挥其应有的作用，关键在于将社会要求内化过程。时至今日，澳门高等教育已经具备相当的规模与基础，面对全球知识经济时代的新形势以及澳门特殊地理位置和社会经济环境所带来的挑战与机遇，需要高等教育机构以更加审慎的眼光以及更加积极的姿态去应对澳门城市和外界的各种需求和变化，促进高等教育与城市互动，实现和谐的互惠互利的共生关系，引领澳门社会长远的可持续发展。

第二节 城市客观环境与高等教育之间的互动

对于高校组织来说，环境具有两层具体的含义，组织环境就是信息流，

---

① 叶澜. 教育概论[M]. 北京：人民教育出版社，1999：96.

是组织成员对组织边界的认知，另外环境也代表了可以利用的资源[①]。在这里，城市环境是澳门高校所赖以生存的超级系统，微型地区与多元社会是澳门城市的两个重要特征。

一、微型地区与高等教育扩展

澳门，全称为中华人民共和国澳门特别行政区。她处于祖国的南端，东与香港相隔 60 千米，中间以珠江口相隔，西与珠海市的湾仔、横琴对望，北与珠海接壤。澳门特区总面积仅为 29.9 平方千米，由澳门半岛、氹仔岛和路环岛三个岛屿组成。其中，澳门半岛和氹仔岛由三条美丽的气势恢宏的大桥相连，路氹填海区则把氹仔和路环连为一体。最高的山丘叠石塘山高度为170.6 米，坐落在路环岛上。清朝汪兆镛曾在《澳门杂诗》中这样描述澳门的地理风貌："东西两望洋，迢然耸双秀。地势缭而曲，因山启户牖。南北成二湾，波光镜光逗。登高一舒啸，空翠扑襟袖。尤喜照海灯，转设夜如昼。"[②] 澳门半岛四周环绕着海水，人称此种地形为"澳"，而从氹仔眺望澳门半岛，她的左右各有一座山，远远望去像是两扇打开的"门"，因此这片土地被称为"澳门"。

澳门属于一个微型地区与社会。首先从地域面积而言，澳门虽然不断地填海造地，总面积不断扩大，2013 年澳门统计暨普查局的最新统计仅有 29.9 平方公里。再者，1553 年葡萄牙人取得居住权之后经过四百多年欧洲文明的浸染，东西不同文化之间的共存、冲突与融合使澳门成为一个风貌独特的城市。在历史上，澳门原是广东香山县（今中山市）南面的一个半岛，1553 年葡萄牙人以在远东发展贸易为托词在澳门筑室栖身。自此澳门区域虽有扩大，但仍然不过是南部海岸的一条狭长地带，俗称澳门街罢了[③]。及至今日，

[①] Howard E. Aldrich; Jeffrey Pfeffer. Environments of Organizations[J]. Annual Review of Sociology. 1976 (2): 79—105.

[②] 靳书伦. 澳门轶事[M]. 北京：中央文献出版社，1999：224.

[③] 黄鸿钊. 澳门史[M]. 香港：商务印书馆香港分馆，1987：35, 214.

澳门与所在中国的宏大疆土相比较，仍然不过是沧海一粟。1840年澳门的总面积只有10.94平方公里，其中澳门半岛3.53平方公里，氹仔岛1.98平方公里，路环岛5.61平方公里。因为不断填海造地，土地面积逐渐增长，截至2011年，澳门总面积增至29.9平方公里。三个岛屿组成的澳门，实在地方太小，所以人们经常用弹丸之地、蕞尔之地、方寸之土来形容她。其次，据澳门2011年的普查结果，澳门人口共有55.25万人，男性占48.0%，女性占52.0%。其人口总数相当于内地一个中小城市的总人数。从这个意义上而言，澳门无疑是一个微型社会。微型社会限制了高等教育的可持续发展[1]，从而也使澳门的高等教育呈现出其独特特征。

（一）校园面积狭小，空间不足

由于澳门的微型地区空间资源的局限性使各高校在校园规模上也受到相应的制约。[2]澳门大学校园面积为61000平方米，澳门理工学院占地面积为19883平方米，澳门科技大学占地面积约210000平方米。澳门镜湖护理学院一直在镜湖医院内办学，直至1956年，何添、何贤两位社会贤达捐助了有2230平方米的澄溪纪念堂作为校址沿用至今，2001年在此基础上进行了扩展，增加至3901平方米。10所高校之中，占地面积最大的是澳门科技大学，也只有300余亩（约21万平方米），学生人数约9400人，生均占地面积22平方米。

依照中国大陆2004年颁发的《普通高等学校本科教学工作水准评估方案（试行）》（教高厅[2004]21号）的规定，作为基本办学条件的合格标准是：生均占地面积要达到54—88平方米。以这个标准来衡量，澳门各高校的生均占地面积均低于此标准，学生缺乏足够的学习和活动空间；教师也没有充裕的教学和研究空间，更遑论师生互动交流的空间了。这种情况不但影响了学生身心的全面健康发展，而且影响教师研究、更新知识、准备教材等的效

---

[1] 谢安邦，张红峰. 澳门回归十年高等教育的发展历程研究[J]. 高教探索，2009（6）：8—9.
[2] 焦磊. 微型社会高等教育发展比较研究——兼论澳门高等教育发展策略[D]. 华东师范大学，2011：37—38.

率和成果。澳门其他高校，比如澳门理工学院、旅游学院、澳门保安部队高等学校等就更是如此。具体情况见下表：

表 2-2　澳门部分高校占地面积统计

高校名称	校园占地面积（平方米）	地址
澳门大学	61000（未含横琴校区）	氹仔徐日升寅公马路
澳门理工学院	19883	高美士街
旅游学院	——	望厦山
澳门保安部队高等学校	——	澳门路环石街
澳门科技大学	210000	氹仔伟龙马路
圣若瑟大学	——	外港新填海区伦敦街 16 号
澳门镜湖护理学院	3901	镜湖马路 35 号地下澳门连胜街 68 号镜湖医院内
澳门管理学院	——	新口岸上海街 175 号中华总商会大厦 9 楼
中西创新学院	——	宋玉生广场 22 号中土大厦 8 楼
澳门城市大学	——	罗里基博士大马路宝怡中心 3 楼

数据来源：各高校网站及澳门百科全书

由上述数据可知，澳门各高校除了澳门大学、澳门科技大学稍微宽裕外，其余各高校的占地面积都较小，办学所受到的空间限制较多。从横向比较来看，与内地高校校园面积相比可谓是"自愧不如"。浙江大学占地面积 8996666 平方米（13495 亩），共有玉泉、西溪、华家池、湖滨、之江、紫金港等六个校区。作为澳门第一所公立高等教育机构的澳门大学致力于发展成为世界一流大学，校园面积的有限无疑限制了其进一步的发展。校园面积的狭小成为澳门高校面临的共同问题。下面以澳门大学横琴新校区建设过程来回顾澳门大学校园规模整体扩展的合理性与合法性可能。

澳门处在珠江和西江三角洲南端，地域狭小，而与澳门隔江相对的珠海横琴岛可开发面积达至 58 平方公里，足以解决澳门土地资源匮乏的发展瓶颈；1999 年前后，澳门与珠海市及广东省政府等就横琴岛的合作开发方案开展过计议。关于该岛的管辖许可权和开发主体，澳门方面有四种方案：第一，直接将整个横琴岛划归于澳门；第二，将整个横琴岛以租赁的方式给澳门；

第三，澳门直接托管横琴岛划出一部分地；第四，在横琴岛给澳门一部分地但仍然属于珠海。一时间，珠海和澳门两方因触及"一国两制"下的宪法方针和《基本法》等问题争持不下，最后只能由中央政府决议。

2009年6月27日第十一届全国人民代表大会常务委员会第九次会议通过了《关于授权澳门特别行政区对设在横琴岛的澳门大学新校区实施管辖的决定》(以下简称《决定》)，该《决定》的主要内容包括：第一，澳门大学横琴岛新校区启用之日起就要依照澳门特别行政区法律实施管辖，澳门大学横琴岛新校区与横琴岛的其他区域隔开管理。第二，澳门大学横琴岛新校区位于广东省珠海市横琴口岸南侧，横琴岛环岛东路和十字门水道西岸之间，面积为1.0926平方千米。第三，澳门特别行政区政府以租赁方式取得澳门大学横琴岛新校区的土地使用权，期限自该校区启用之日起至2049年12月19日止。租赁期限届满，经全国人民代表大会常务委员会决定，可以续期。①

澳门大学能建设横琴新校区是借助澳门城市具有的优惠政策而实现的，是在"一国两制"体制下高等教育发展模式的新探索。显然，这种借地发展的新模式正是微型地区与微型社会地理与社会空间下的产物——微型高等教育系统的规模特征的限制性，促使澳门大学探索多元各异的发展模式。

（二）人口少，本地生源不足

根据澳门统计暨普查局的统计显示，2013年第四季度澳门城市人口数为60.7万人，预计到2036年人口数会达到83.9万人。澳门高校与内地高校不同，没有统一的高等教育入学考试。不同的高校，其录取学生的制度与方式截然不同，比如澳门大学与澳门理工学院通过正规的入学考试招收学生，而澳门科技大学则于2000年为入学申请者设置了口试，当然学校也预备在不久的将来设置笔试。关于是否应当设立统一的高校入学考试或中学会考，存在诸多争议。有的主张通过统一考试，借以减低因多种考试对学生造成的压

---

① 全国人民代表大会常务委员会关于授权澳门特别行政区对设在横琴岛的澳门大学新校区实施管辖的决定[J]. 司法业务文选，2009（25）：22.

力及有助于统一学校制度，但反对者则担忧会产生不良后果，而统考又需要大量技术以及行政的支援，所需成本巨大。最终因统考可能带来政策等其他方面的问题，尤其是给澳门微型体制所带来的较大的技术挑战而被暂且搁置。通过多元的高校录取学生的制度与方式，澳门约有35%的高中毕业生继续接受本地的高等教育；另外约有同等数量的学生参加内地高考或选择在澳门地区以外的高校入学。

澳门高校普遍存在生源不足的问题，这既与澳门高等教育系统的快速扩展密切相关，也与澳门高等教育质量缺乏保障的因素相关。《澳门高等教育新纪元策略性发展咨询研究报告》认为澳门的高等教育无论是教学或研究，充其量只能算平庸。这样的评价属于定性描述，缺乏足够的数据支撑，但却反映了澳门本土人士对澳门高等学校教育的普遍观感。而这样一种普遍的观感却经常成为中学校长与学生家长择校的依据，他们不主张推荐最好的学生就读本地高校，多倾向学生或子女就读外地高校[①]。根据2011/2012学年在本澳以外地区升学的本澳学生数据显示，2011/2012学年就读澳门高校的学生人数为16245人，其中，在澳门以外的地区升学的人数为14933人，就读澳门高校与澳门以外的高校人数基本持平，具体情况见表2-3：

表2-3 2011/2012学年在澳门以外地区升学的澳门学生数据

学生类型	博士学位课程	硕士学位课程	学位论文课程	学士学位课程	学士学位补充课程	高等专科学位课程	文凭/其他	合计
就读本澳高校	91	1405	131	12255	804	1491	68	16245
就读在本澳运作的非本地高等教育课程	2	629	37	2	454	—	819	1943
在本澳以外地区升学	290	1441	5	11146	12	166	1873	14933
总计	383	3475	173	23403	1270	1657	2760	33121

---

① Mark Bray. 澳门高等教育新纪元策略性发展咨询研究报告（摘要翻译本）[EB\OL]（2014-2-1）http://www.gaes.gov.mo/.

为弥补澳门本地生源不足问题，2012年经教育部批准和澳门特区政府同意，并在高等教育辅助办公室的大力协调下，澳门的8所高校（澳门大学、澳门理工学院、旅游学院、澳门科技大学、澳门城市大学、澳门镜湖护理学院、澳门管理学院和圣若瑟大学）在内地招生，招生范围覆盖大陆地区的17省市，即以前的北京、天津、上海、重庆、辽宁、江苏、浙江、湖北、湖南、四川、福建、广西、海南、广东，以及新增加的陕西、河南和山东，等等。

澳门高校规模小，不仅体现在校园规模上，最重要的还体现在学生人数上。下表是2012/2013学年澳门十所高校注册的学生人数。

表2-4 2012/2013学年注册学生人数（人）

高校	男	女	合计
澳门大学	3516	4965	8481
理工学院	1266	1695	2961
旅游学院	442	1131	1573
保安部队高等学校	58	15	73
澳门城市大学	907	871	1778
圣若瑟大学	733	951	1684
镜湖护理学院	30	275	305
澳门科技大学	4914	5451	10365
澳门管理学院	127	235	362
中西创新学院	113	81	194
总计	12106	15670	27776

数据来源：澳门高等教育辅助办公室

以上数据显示：澳门各高校学生人数不多。学生人数少会造成各个高校的学科建设与发展系统受限，突出表现为学科门类不全，发展不平衡，忽视基础学科建设，重视应用学科发展。商务与管理专业、旅游与娱乐业务、法律、语言及文学、电脑及咨询、社会及行为科学、新闻及信息传播、师范教育、公共行政、翻译、护理及卫生、工程、社会服务、医学、体育等专业招生人数相对较多，其中商务与管理专业人数最多，超过总招生人数的50%。

根据高等教育系统国际通行的十三科门类：哲学、经济学、法学、教育学、文学、历史学、理学、工学、农学、医学、军事学、管理学、艺术学的划分，澳门高等教育学科门类建设不健全，哲学、历史学、农学等传统学科相对欠缺。基础学科虽然不是直接创造经济效益的学科，但是在高校学科建设中是不可或缺的，其发展状况与高校的文化精神休戚相关，否则会影响到学科的完整性，造成高校发展的原动力不强。此外，澳门高校商务管理、博彩管理、旅游服务等应用性学科的蓬勃发展，体现了高校专业设置与市场化需求直接对接，有利于促进人才培养市场化，提升毕业生就业能力，同时也能为高等教育扩展提供社会资源支持与保障。但是其商务管理、博彩管理以及旅游娱乐业的过度发展，容易导致学科发展的极度不平衡，造成高校学科的不稳定性隐患。

（三）快速灵动、推广革新快

古语有云"船小好调头"。澳门作为一个自治性开放的微型社会，小是其缺点，也是其优点。总体说来，一项新政或改革在澳门社会中推行实施较为容易。当然，澳门高校系统的改革与创新也不能例外。《澳门高等教育新纪元策略性发展咨询研究报告》中总结了微型社会的主要特征：如通常较易识别问题和判断问题；策划者可更加清晰地了解其决策对于人及社会的影响；革新"推广效应"快。[①]另外还有学者在研究中发现澳门高校相较其他地区的高校而言也具有小而快、灵而精、融而通的优势特征。[②]总体而言，澳门高校具有快速灵动、推广革新快的鲜明特色，突出表现在以下几个方面。

1. 高等学校学生修读方式灵活

澳门物理空间狭小紧凑，一方面为高等教育的规模化、大众化发展设置了障碍，另外一方面寻求灵活的修读方式使高等教育普及化成为可能。目前，

---

① Mark Bray. 澳门高等教育新纪元策略性发展咨询研究报告（摘要翻译本）[EB\OL]（2014-2-1）http://www.gaes.gov.mo/.
② 张红峰. 微型开放系统中澳门高等教育质量保障[J]. 当代教育科学. 2012（1）：53—56.

澳门高校普遍采取三种课程修读方式：日间课程、夜间课程和兼读课程三种。日间课程为全日制日间课程的一种，其学习以学年/学期划分，授课主要在工作日的日间进行，在学年/学期内以连续不间断的形式授课；夜间课程也是全日制课程的一种，其学习以学年/学期划分，授课主要在工作日的夜间进行，在学年/学期内以连续不间断的形式授课；兼读课程指学习期以学年/学期划分，基本在夜间、周末或假日授课。表2-5是修读夜间课程与兼读课程的比例。

表2-5 夜间及兼读课程学生占总注册学生数的比例（2001/2002—2010/2011）

学年	2001/2002	2002/2003	2003/2004	2004/2005	2005/2006
夜间、兼读学生比例	81.44%	80.26%	77.63%	69.58%	63.04%
学年	2007/2008	2007/2008	2008/2009	2009/2010	2010/2011
夜间、兼读学生比例	53.97%	53.97%	54.60%	51.60%	46.90%

数据来源：澳门高等教育辅助办公室历年教职员与学生人数

表格2-5的数据显示：除了2010/2011学年，历来修读夜间和兼读课程的学生均占到总注册人数的50%以上。这种灵活的修读方式成为一些考取澳门本地高校的学生与在职工作人员更为倾向的学习方式，因其时间灵活，可以一边工作一边学习，做到工作学习两不误，而备受青睐。[①]

2. 澳门高校对外部环境变化反应迅速

1981年3月28日，由香港、澳门、东南亚等地知名人士赞助开办的私立东亚大学，选用英式的教育制度，其生源大多来自香港。为解决澳门回归过渡期人力资源需求，1988年澳门基金会对东亚大学进行收购并进行重组，此时，私立的东亚大学改制为公立的澳门大学。在短短的两年时间之内，大学通过新建法学院、开办公共行政课程、中葡翻译课程等方式迅速满足了社会对政治过渡的专门人才的需求。此外，为了与澳门本地的葡制的中学学制

---

① 谢安邦. 大众化理论视野下澳门高等教育发展的研究[J]. 中国高教研究，2010（3）：14—18.

相衔接,将三年制的英式课程改为四年制的葡式课程。1991年东亚大学转制为公立的澳门大学,原东亚大学下属的理工学院和公开学院分别独立为澳门理工学院和亚洲(澳门)国际公开大学。从东亚大学最初成立,改制重组,成为公立高校,到最终更名为澳门大学,在短短的十年之内全部完成。澳门现代高等教育对于人力资源市场需求的敏锐捕捉,及在高校办学性质和学制等方面的迅速转变,是中国内地的高校乃至许多世界知名高校所无法比拟的。

3. 高等教育质量控制的灵动反应机制

澳门高校可以在外在环境迅速变化中捕捉到敏锐的信息,具备快速灵动的反应能力,并由此形成适合于澳门城市特点的外部保障与内部控制灵动反应机制。澳门高等教育的发展遵循不同路径:或建立雇主信息回馈网络;或接受国际专业组织(旅游学院加入世界旅游组织知识网络,接受其教育素质认证)的认证;或加入亚太地区质量网络评审;或要求课程取得相关学科领域国际专家的认可;或通过外部考试和学术审计的方式保证科目的教学质量。[①]这种多元化的快速反应机制的形成并非由于政府的放任自流,而是澳门微型开放社会的必然结果。如果政府采取统一的规范化质量外部控制标准,必然导致高校失去灵活性。处于高度开放、微型灵活澳门社会中的高校,容易学习外部的先进理念与经验,对自身质量追求具有天然的主动性。

此外,澳门高等教育质量的内部控制亦深刻受其地理与文化环境的影响。高校同样呈现出自主性与开放性特征。澳门高校在教育质量的评估中呈现出更多的自主性,即不同的高校可以追求不同的教育目标,以主体的身份维护自身的教育价值,而非以客体的评价作为自身的教育价值。高校教育质量的内部控制的关键节点在于制定、实施教与学的政策规范;开设与实施课程;学习成效反馈等。澳门的开放性特征决定了其不可能采取整齐划一的标准化模式,每所高校可以根据自身的院校特征与学科特点,采取不同的内部

[①] 张红峰. 微型开放系统中澳门高等教育质量保障[J]. 当代教育科学,2012(2):53—56.

控制模式,甚至有的高校根据国际发展趋势拟定课程学习计划,修订科目大纲。①在开放的社会与高校环境中,教学质量的内部控制通过自我规范与自我改进,形成灵动反应与良性循环的运行机制。

二、多元文化与高等教育扩展

尊重多元是澳门的地方精神。澳门的多元文化是东西方文化在澳门这块葡人居住的中国土地上经过碰撞、交融、传播后所形成并长期沉淀下来的一种多元文化。②澳门自16世纪成为葡中两国的国际贸易港口,澳门在连接中国、日本、菲律宾和马来西亚之间的丝绸、瓷器、金银和香料贸易中具有不可替代的战略地位。澳门这块自治区域不仅是货物进出口的口岸,而且是"东学西渐"和"西学东渐"的荟萃之所。它是西方与东方技术交流,中华文化与欧美文化传播与交流重镇,吸引着不同语言、种族和文化背景的人们汇聚于此,因此澳门是东方和西方不同风俗、思想和价值观相互影响的区域。四百多年来东西方贸易和文化的频繁接触使澳门形成了一个集普适性、种族混合、多种语言和多元文化为一体的社会。假如说语言的习得是基于"生存"目的,在大量贸易与通讯方面的交流与沟通中同步发展起来的,它具有较强的实用工具色彩,那么,知识层面的碰撞与荟萃同样经历了相应的跨语言活动,尤其是耶稣会基于宗教传播而开办的中葡宗教学校以及由此产生的大量重要的知识成果。

相对于庞大的明清时代中国的版图来说,澳门不过是一个边陲的渔村,而作为殖民宗主国的葡萄牙也似乎鞭长莫及,历史上的边缘化状况铸就了澳门多元文化社会的认同感。把澳门与类似境地的口岸(如香港)区别开来的关键在于五百年以来,澳门保持了自其建成之日起所形成的特色:相对自治

---

① 张红峰. 微型开放系统中澳门高等教育质量保障[J]. 当代教育科学,2012(1):53—56.
② 查灿长. 转型、变项与传播:澳门的早期现代化研究(鸦片战争至1945年)[M]. 广州:广东人民出版社,2006:330.

的政治文化权利。众所周知,"不同文化共同生存,互相尊重,彼此宽容"的精神主宰着澳门的发展。然而,比文字更具代表性的是日常生活中对西方与东方文化的诠释,即"地方精神",似乎没有哪座城市比澳门更有资格称自己是一座恰如其分地表达和构建文化多元和跨文化历史普世中心、优秀混合体和显著标志。社会的多元化特征通过影像、标志、行动、特殊群体的产生得以表达:有着浓郁巴洛克式建筑风格的大三巴竟然刻有中文汉字图解,代表中国佛教传统的望海观音却像西方圣母一样微微地歪着头;澳门人既在复活节里参加背负十字架的巡游仪式,又在农历新年里虔诚地祭祀妈祖女神;那群东方与西方的混血儿或者东方的葡萄牙人——土生族群在澳门的诞生莫不都是这种多元文化的象征。

如果说"微型"是澳门城市带给人们的第一印象,那么"多元"就是在澳门的第二观感。四百多年来东西方贸易和文化的频繁接触使澳门形成了一个集普适性、种族混合、多种语言和多元文化为一体的社会。四百多年来中西文化交流互补、多元共存就是澳门文化的核心。政治、司法和语言的多样性,知识的交流,繁荣的商业活动和文化交融造就了历史上澳门的个性。这些个性体现在澳门教育结构上,反之亦然,澳门教育结构的特点也反映了澳门社会的世界性、多样化特点。①总的来说,澳门的多元文化与高等教育呈现出相互影响、互为促进的局面。②

(一)(1594—1938年)基督教文化与澳门高等教育创办

随着在远东地区的殖民扩展的全面启动,葡萄牙人几经辗转,终于在1553年以"借地晒水湿贡物"为由占据澳门。为巩固远东地区基督教的堡垒,1594年底,澳门历史上的第一所高等学校——圣保禄学院(俗称大三巴学院,1594—1835年)诞生,它是由葡萄牙天主教耶稣会参照葡萄牙著名的科英布

---

① Francisco Pelicano Antunes. 澳门是多元文化社会的典范吗?[J]. 行政,2009(2):309—314.
② 陈拥华. 中西文化与澳门现代高等教育多元化的关系[J]. 长春工业大学学报(高教研究版),2012(4):44—46.

拉大学（建立于1290年）的模式建立的。自此，欧洲中世纪高校的种子在澳门开始生根发芽。1927年，圣若瑟修院（俗称三巴仔学院）由澳门耶稣会创办，是作为圣保禄学院分院的形式存在。但是澳门早期高等教育的辉煌非常短暂，随着1762年耶稣会风潮，圣保禄学院被关闭，并在此后很长的一段时间里，澳门没有官方正式认可的高等教育机构。

西方文化对澳门高等教育发展影响深刻。外来文化在澳门获得认同之后，同样积淀于当地的思想意识之中并对高等教育发展起重要的作用。圣保禄学院是亚洲第一所国际化的欧式高校，它是由耶稣会的传教士创办的，实质是一所基督教文化的高校。圣保禄学院主要招收欧洲地区以及部分东亚的传教士，作为传教士进入远东地区传教前的基地，比如近代著名的传教士利玛窦（Matteo Ricci）、汤若望（Johann Adam Schall von Bell）、南怀仁（Ferdinand Verbiest）等都曾先后在这块土地学习、研修与教学。从最初创办到之后的管理的整个过程，都由传教士来承担，其首任院长孟三德也曾任教于历史悠久的葡萄牙科英布拉大学，带有色彩鲜明的基督教文化特征。

此外，学院架起了一座向西方推介东方文化的桥梁，成为西方文化（尤其基督教文化）进入澳门、中国乃至东南亚的开端与窗口。同时，高等教育对于文化具有选择传承功能。从历史的角度来看，继承、实践与创新文化是高校的一项重要任务。澳门高等教育对于文化的传承作用并非无选择性，而是在去粗存精、去伪存真的文化选择过程中，保留与社会发展相适应的部分。反之，某种文化的衰落对于以其为主导的高校的发展也有消极影响。1775年欧洲掀起的反耶稣会运动波及澳门，圣保禄学院因此被暂停办学。其后，随着宗主国葡萄牙国势的衰弱，基督教文化在澳门逐渐式微，中国传统文化及岭南文化在澳门的影响力逐步增强，一直断断续续办学的圣若瑟修院也最终于1938年停办。

（二）（1938—1959年）岭南文化与澳门高等教育的短暂复兴

20世纪中期前后，澳门爆发了两次来自华南地区较大的移民潮：30年代为躲避抗日战争移民迁入，其中不少是来自内地的青少年和知识分子。50年代中国局势发生了巨变，大批岭南文化界知识精英移民澳门。为满足南下青年学习接受高等教育的需求和延续知识分子的学术与教育工作，澳门创办了一批具有浓郁岭南文化特色与根基的高校，如华南师范大学、中山教育学院、越海文商学院等，加之因战乱与政局变动不得不迁往澳门的广州高校，使沉寂太久的澳门高等教育得以复兴。这些高校的最大特征在于其创办者、管理者、教师与学生大多为长期在岭南文化熏陶下的广州高校系统的移植。即使身处在葡澳政府管制下的澳门，新兴的高校教授与传承的仍然是岭南文化精神。[1]

在这个阶段，由于葡萄牙本身的政治动荡而无法有效管治澳门地区，而且基督文化在澳门的逐步式微，不能真正深刻地影响澳门本土文化的精髓以及人们的日常生活；同时，中国传统儒家政治文化由于地域限制亦无法深刻影响小渔村的文化内核。澳门居民大多数是不同时期从岭南地区迁移过来的，岭南文化成为真正影响澳门文化发展的主导性因素。岭南人创办的高校一方面是在岭南文化主导下创办的，另外一方面在某种意义上真正契合了澳门的文化内核，更体现了岭南人独特的边缘、逆境、积极进取的文化品格。

然而，由于澳门政治体制的制约，这些高校面临合法性困境。澳葡政府对新创办的高校采取放任自流的态度，既不许可注册也不禁止，更不认可其高校文凭和学位证书。虽然这些高校在台湾地区当局进行注册，但最终因文凭不被认可，导致学生就业困难，最终这些高校因学生流失而被迫关闭。岭南文化式的澳门高等教育也是昙花一现，但其历史意义却是相当重大的。在20世纪中后期，多元文化逐步在澳门生成、碰撞、冲突与融合，高等教育文化特征亦是不同文化在博弈过程中占主导优势的结果。此外，无论从规模还是多样性来看，相较于最初以传教为主要功能的唯一一所圣保禄学院，此时已经有三四所高校，而且还有了专门的商学院与教育学院，其数量与功能都

---

[1] 马早明. 文化视野下的澳门高等教育变迁[J]. 高教探索，2010（2）：31—15.

在逐步扩展。

（三）（1981—1988年）商业文化与现代高等教育的肇兴

20世纪70年代末80年代初，随着澳门作为葡国管制下的中国领土，而非葡萄牙的殖民地或海外省得到葡萄牙政府的承认，澳门开始大力开展基础设施建设，商业尤其是旅游与博彩业蓬勃发展，使得整个澳门经济社会开始勃兴。在政府的市政规划中，高等教育是一片空白，香港的黄景强、吴毓璘和胡百熙等看到了在澳门创办大学的机会，便在寻求政府许可的基础之上创办东亚大学。1975年，他们在香港注册的西部发展有限公司租用10万平方米建校用地，租期20年。1981年，东亚大学正式成立。其采用英式三年学制，主要迎合香港生源需要，大量聘用来自英联邦国家和地区的教授及管理者；其课程设置以市场为导向，主要以商业及管理类课程为主，凸显出实用主义的高校理念。

东亚大学无疑是商业文化主导下的产物。其课程设置、生源结构以及运营机制等无不凸显了重商主义文化特征。其一，以市场为导向设置了大量的商业及管理类课程，以满足香港地区众多在职人士的需要，凸显出实用主义高校理念。其二，东亚大学虽然也招收澳门本土的学生，但是其主要生源是香港学生。据1987年统计，香港学生占整个东亚大学学生总数的3/4以上，为满足香港富有且又没有考上香港以及国外高校学生的需要。其三，高校运营的前提是生源稳定，为此，东亚大学无论从名称还是运营机制上都凸显其国际特色，采用英式三年学制而不是葡式四年学制，聘请英国联邦教授及管理者，以吸引更多东亚地区乃至世界其他地区的生源。

此时的澳门是在岭南文化、基督教文化与实用主义商业文化、中国传统儒家文化等多元文化交融下的混合体，其中西方实用主义商业文化开始渗透在澳门政治、经济、文化乃至日常生活之中，高等教育亦不能例外。商业文化式高校必然会存在其难以突破的障碍，比如1979年的东亚大学土地租赁协议中要求东亚大学创立葡萄牙语研究中心，并开设一些关于葡语哲学、语言及文学、历史课程。然而澳门地区的葡萄牙学生多选择前往葡萄牙就读大学而非当地的东亚大学，因此，当1987年东亚大学创立了8年之久，葡萄牙文化等课程仍然没有多少①。最后在过渡期的需要之下，迫使葡澳政府不得不收购东亚大学。虽然商业文化式东亚大学存在诸多缺陷，但是其国际化办学模式在澳门高等教育史上仍然具有里程碑意义，与岭南文化式高校所具有的本土化特征相较而言，凸显了澳门高等教育在视野、理念与内涵方面的综合扩展。

（四）（1988—至今）多元文化与现代高等教育的跨越

1988年至今，是澳门从回归过渡到正式回归，再回归自治发展的重要阶段，同时也是澳门的文化大发展大繁荣的重要时期，更是澳门现代高等教育实现跨越式发展的一个重要阶段。随着体制的变革以及经济的繁荣，澳门的文化也迎来了它的春天。在高等教育大众化的推动下，在多元文化的影响下，澳门高等教育也实现了扩展，过渡期相继设立了四所公立高校、三所私立高校，其后再无一所公立高校成立。回归后，三所私立高校教育机构也相继创立②。换言之，回归前后，澳门高等教育实现了非常规式的急速扩展，截至2001年高校数量达到10所。不同的文化风格与办学模式息息相关，不同的高校呈现出不同的文化特征。具体表现如下：

1. 中华传统文化与澳门高等教育扩充

任何国家的高等教育发展无不与其国家传统文化密切相关。澳门作为中国领土的一部分，其高等教育发展必然受中国传统文化的影响。比如，东亚大学是澳门第一所由中国人自己创办的高校，其校训"仁、义、礼、知、信"便是源于中国传统五种美德的典范的儒家思想，足见中华传统文化对其影响之深。另外澳门科技大学也非常注重祖国丰富的传统历史文化，注重"通识

---

① 马早明. 文化视野下的澳门高等教育变迁[J]. 高教探索，2010（2）：31—15.

② Philip G.Altbch, Daniel C.Levy. Private Higher Education: A Global Revolution [M].Boston: Sense Publishers, 2005: 3.

教育"，从2003年9月起按学分制设置了众多的"通识教育"课程，如中国和世界文化通论、文化艺术素养等相关课程，其中涉及中国传统文化的课程有16门之多[①]。此外，2001年中国中医科学院中药研究所与澳门科大合作成立的"中国中医科学院中药研究所澳门中心"[②]，成为我国中医对外交流的窗口，为中医药文化的传播发挥了重要作用。

2. 葡国文化与高等教育转向

东亚大学的市场化运作，其服务的目标定位于香港以及东南亚国家，而且是澳门地区唯一的高等学府，葡澳政府认为其在培养本地高级专门人才方面未承担应有责任，尤其是难以担当葡语文化传播的重任。因此，1988年葡澳政府通过澳门基金会宣布收购东亚大学（后更名为澳门大学）。收购之后，为完成其政治使命，在澳门大学对其组织及权利结构进行重组，将英式三年学制改为葡式四年学制，成立葡文学院，优先聘用葡萄牙学院背景的教授，课程设置上也开始使用葡萄牙语言及文化课程。总之，被收购后的澳门大学无论从高校治理、课程开设还是教师聘用等各个方面都深受葡萄牙文化的影响。

葡萄牙文化式的澳门大学是在澳门回归过渡期间为实现葡萄牙政府某种政治功能的产物。1988年时任澳葡政府主管教育部门的负责人兰热尔（Rangel）部长认为澳门大学是葡萄牙能在澳门留下的文化瑰宝之一，其主要的功能在于"传授葡萄牙文化价值观；增进与葡萄牙有商贸和文化联系国家的对话；研究澳门和葡萄牙居民的文化、政治和经济问题"[③]。所以并非真正能够满足澳门本土、香港乃至东南亚的高等教育需要，最终因为澳门本土需要学习葡萄牙文化的生源有限，2000年8月不得不撤掉葡文学院，变为社会及人文科学学院隶属的葡文系。澳门高校理念、功能、人才培养目标等的转向，虽然是由葡萄牙政府力量所推动的，无疑对于葡国文化在澳门地区的

---

① 科学精神与人文精神并重 澳门科技大学注重"通识教育"[N].中国教育报，2005-6-15.

② 中国中医科学院中药研究所澳门中心挂牌[EB/OL]（2013-12-20）http://www.worldtcm.org/130403/4a452d04.shtml.

③ 马早明.文化视野下的澳门高等教育变迁[J].高教探索，2010（2）：31—15.

传播、强化，乃至生成为澳门文化的重要组成部分起到促进作用。由此可见，葡国文化式澳门高校发展是高等教育政治功能的扩展。

此外，西方的天主教文化、葡萄牙文化与英国文化对澳门高等教育影响广泛。比如澳门现存的圣若瑟大学为天主教高校高等教育基金设立；澳门大学（之前的东亚大学）虽然深受多元文化的影响，但其最初是按英国高校模式创办的；澳门理工学院的学院架构完全按照葡萄牙理工学院模板建构，亚洲（澳门）国际公开大学是由澳门东亚大学的公开学院和葡萄牙国立公开大学联合组成的远程教学特色的大学，圣若瑟大学则是葡萄牙天主教大学与天主教澳门教区合办的高校，这些高校都有着明显的葡萄牙文化烙印。澳门多元文化对其高等教育的多元化与扩展具有明显的推动作用。

3. 商业文化与澳门高等教育增长

澳门高等教育的增长主要以私立院校的增设为主。（1）澳门管理学院由澳门管理专业委员会创办，主要开设工商管理类课程，除为适龄学生提供专业学位之外，主要为在职人员持续提供进修课程、企业内部培训以及行业培训。其在职学员在澳门银行及金融、保险行业、公务员中占很大比重。（2）一直以来澳门财政收入主要来源于旅游博彩业，因为旅游博彩业是澳门经济的支柱产业。旅游博彩业的从业人员多为中学毕业生，文化水平不高。为提高旅游博彩业的行业水平，2001年澳门特区政府认可"创新教育社股份有限公司"创办中西创新学院，采取灵活学制和实地体验性实习，为从事旅游博彩的从业人员提供系统培训。澳门这些高校的校园文化中渗透着浓厚的商业文化气息。综上，从历时与共时两个维度对文化与澳门高校的梳理与分析可见，澳门文化多元化过程与其高等教育逐步扩展走的是同一条道路。

澳门高校对于城市多元文化的价值莫过于对文化的继承、传播与创新价值了。著名的城市史学家刘易斯·芒德福认为高校这种机构属于"知识合作组织"。①他认为高校使得文化储存、文化传播交流、文化创造和发展这些功

---

① [美]刘易斯·芒德福. 城市发展史——起源、演变和前景[M]. 宋俊岭，倪文彦译. 北京：中国建筑工业出版社，2005：295—296.

能得以充分发挥。所以正像我们可以把修道院或修道院的图书馆称为一种消极的高校类似，我们也可以把高校称为积极的修道院，因为作为世俗社会的一种机构，高校有条件使城市的一种必要活动明确化了，这种活动即：脱离社会的直接责任，通过师徒之间的直接交往，对文化遗产重新进行严格的评价并继承和创新。

第三节　城市中影响高校的外部组织

澳门之所以作为一个城市存在，教会、政府、产业以及社团等四种社会力量不仅在过去、现在还是将来都深深地影响着澳门城市的发展，属于澳门城市独有的四股力量，这些力量也深深地影响着澳门的高等教育扩展。

一、教会：根深蒂固的传统

宗教在澳门传播的历史比较早，宗教的门类繁多。1988年，澳门第5/98/M号法律以及后来的《基本法》第三十四条的规定认可宗教信仰自由不容侵犯，在法律面前，所有的宗教教派平等，澳门政府不干预宗教教派的组织及职能行使等等。宗教信仰自由使得澳门宗教呈现多元化状态，现在澳门居民所信仰的宗教有佛教、道教、天主教、基督教新教、伊斯兰教、巴哈伊教、琐罗亚斯德教、摩门教和基士拿教等几十种之多。澳门宗教有信仰人数多、宗教实力强等特点[①]。天主教等西方宗教信仰于明代中后期开始逐渐传入澳门，四百多年来虽或偶有冲突，但是基本上与佛教、道教等中国传统宗教和谐共处，并且成为体现澳门多元文化交融的亮点。澳门虽然宗教名目繁多，但以天主教、基督教新教、佛教为最盛。佛教在澳门的历史记述中并无具体的办学历史，在此略去。

---

① 李桂玲. 澳门的宗教[J]. 中国的宗教，1995（2）：55—56.

（一）天主教的传播及办学活动

天主教是在澳门最早传播的宗教，应以 1555 年耶稣会传教士到达澳门为标志。1557 年，明朝政府正式批准葡萄牙人在澳通商居住；1576 年 1 月 23 日，天主教教宗格里高利十三世（Papa Gregorius XIII）颁令在澳门成立远东第一个教区，作为远东传教的基地[①]。自此以后，圣方济各会、奥斯定会、道明会等传教士络绎不绝地踏足澳门。他们在修建教堂、传教布道、教授神学的同时，也为将要进入中国内陆的传教士提供汉语汉字、中国文化的教学工作。内地发生宗教冲突之时，澳门往往也成为被逐传教士的避难所。

1568 年，澳门有了第一位天主教的主教。1576 年 1 月 23 日，天主教澳门教区成立，自此之后，澳门教区成为远东地区最早的也是最有影响力的传教中心[②]。天主教会在传教的同时，还在澳门从事中小学教育，拥有近千人的教师和六十多所中小学校和专业学校。教会还开办了托儿所、诊所、青少年复原所、老弱伤残院、社区服务机构等众多的慈善机构。

葡萄牙国王坚持对东方的保教权，要求前往中国、日本等地传教的天主教耶稣会传教士，必须在澳门登陆，学习中日两国的语言文字，进行必要的礼仪及习俗方面的准备，再前往目的地。因为传教常常和殖民礼仪联系在一起，所以葡萄牙国王的保教策略一直遭到欧洲其他国家的禁止。尽管如此，直到 18 世纪中期耶稣会解散，澳门是天主教在远东传教最重要的中转站。

天主教在澳门的蓬勃发展。罗马教皇格雷高利十三世于 1576 年成立了澳门教区，负责管理中国、日本、越南等地的传教事宜。此后天主教其他分会都争相来华传教：1579 年方济各会、1586 年奥斯丁会、1587 年道明会相继进入澳门。至清雍正元年（1723 年）禁教前，澳门大小教堂林立。当时澳门较大的教堂有大堂、风信堂、葛斯兰庙、龙斯庙、疯人庙、板障堂、三巴寺、花王堂等等。1829 年 5 月 23 日，文德泉神父在一份公函中谈到澳门的

---

① 王书楷. 天主教早期传入中国史话[M]. 武汉：湖北省第一印刷厂，1993：45—46.
② 李楚翎. 澳门的文化角色[D]. 天津师范大学硕士论文，2007：26.

人口状况："从20年前到现在，中国人从800增加到了40000，这40000人中有6900是天主教徒。"从华人天主教徒的数量来看，澳门已经成为天主教的远东基地。

天主教对澳门城市形成的影响巨大，天主教堂是澳门城市居民活动的中心。在澳门的殖民时期，教会不仅在精神领域，而且在世俗领域之内建立了权力体系，拥有大量的物业和财产，对社会各个层面实行着某种形式的垄断，控制着澳门的居民生活[①]。从16世纪末期开始，澳门外籍人口增多，品流复杂。天主教传教士认为有必要加强对澳门人口的教化，约束民众的不良行为。大部分教堂设立了要理班，主要进行宗教教育以及其他的语言、文法课程教育。教堂主要招收教友、葡国和中国的儿童。耶稣会士早在1565年于安多尼教堂一侧建立了第一所具有小学规模的修道院圣保禄公学，后来形成的圣保禄学院是澳门城市的重要节点[②]。据相关记载表明，在大三巴这个区域拥有一座教堂、一个炮台、一所高等学院、一间药房、一个储水池、一片菜园以及其他规模较小的附属建筑物，这里也因此成为澳门城市的心脏地带。

（二）基督教的传播及影响

澳门是基督教新教传教士来华活动初期活动的主要城市之一，也是澳门作为16世纪以来中西文化交流桥梁和中介的见证。很多有名的传教士如马礼逊（Robert Morrison）、卫三畏（S.W.Williams）等都有在澳门长期居住和活动的经历。基督教在澳门就其传播的历史和影响不如天主教，但它也拥有如"新使徒教会""耶稣基督末世圣徒教会"等众多教派。

新教传教士所进行的文化事业，包括创办英华学院、翻译《圣经》等活动与澳门有着密切的关系。他们有许多影响深远的著作都是在澳门撰写和出版的，如马礼逊所译中文《圣经》，所编《华英词典》等。基督教是1807年由英国伦敦会马礼逊教士传入澳门的。澳门现在信奉基督教的大部分是中国

---

① 童乔慧. 澳门城市环境与文脉研究[M]. 广州：广东人民出版社，2008：35.
② 严忠明. 一个海风吹来的城市——早期澳门城市发展史研究[M]. 广州：广东人民出版社，2006：133.

人，基督教教会三十多所，受洗礼的教徒约 5000 人。各个教会在行政、经济上独立。同样，基督教会对教育和福利事业十分热心，开办了一些社会福利机构和中小学校。[①]

二、政府：双核文化中的澳葡与特区政府

澳门政府对于澳门的治理分为不同阶段（见图 2-1），在 1553 年至 1849 年是葡人入澳时期，这个阶段澳门议事会（Senado）成立，议事会创建了城市保安卫队，并将澳门建制从镇改为市。葡印总督唐·梅内塞斯（D.Duarte de Meneses）授予澳门议事会行政、政治和司法的权力（军事权属总督），限令其在一些特殊事项上要由事先召开的居民大会决定。

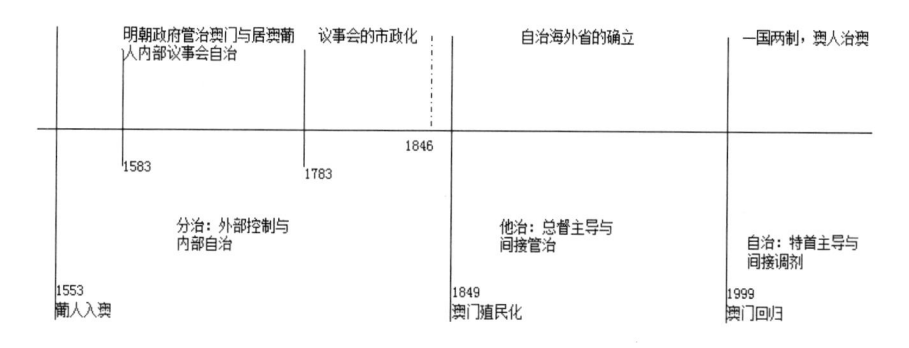

明朝政府管治澳门与居澳葡人内部议事会自治	议事会的市政化	自治海外省的确立	一国两制，澳人治澳
1583	1783	1846	
分治：外部控制与内部自治		他治：总督主导与间接管治	自治：特首主导与间接调剂
1553 葡人入澳		1849 澳门殖民化	1999 澳门回归

图 2-1 澳门治理的历史分期[②]

1849 年葡萄牙占领了澳门，澳门葡萄牙官员亚马留以两广总督拒绝其在广州设立领事馆的要求为托词，驱逐清朝澳门同知，封闭道路，劫夺财物，在澳门的华人社会里影响极其恶劣；并停止交纳自 16 世纪葡萄牙人向明朝政府"借居"澳门以来按年向中国交纳的租税；还将澳门的界墙擅自向北扩充[③]。后来清军士兵刺杀了亚马留，英国兵舰开到澳门，英、法、美三国驻

---

① 李楚翎. 澳门的文化角色[D]. 天津师范大学硕士论文，2007：26.
② 改编自娄胜华，潘冠瑾，赵琳琳. 自治与他治——澳门的行政、司法与社团（1553-1999）[M]. 北京：社会科学文献出版社，2013：48.
③ 刘凤瑞. 香港澳门概况[M]. 香港：香港天易图书有限公司，1996：157.

华公使联合向清政府提出抗议，公开支持葡萄牙殖民者的侵略行径。葡萄牙遂于该年公然出兵将中国领土澳门强行霸占。澳门进入殖民化时期之后，逐步确立了澳门自治海外省的地位，实行由总督主导与葡萄牙间接管治。

澳葡政府（1557年—1999年12月19日）是澳门在葡萄牙殖民地时期的政府机构。因为澳门政府与澳门回归后的澳门特别行政区政府简称一样，为了以示区别，将殖民地时期的政府简称为澳葡政府，1999年12月20日回归之后的澳门政府简称为特区政府。

澳葡政府在1981年之前设立社会事务暨文化政务司下属的教育厅管理教育相关事务，但是主要管理基础教育。1981年之后，澳督高斯达任内的澳葡政府设立了教育文化暨旅游政务司，教育文化暨旅游政务司下设教育文化司，管理澳门教育事务。[①]

1987年3月26日，中国政府与葡萄牙政府达成协议，并草签《中葡联合声明》，声明"澳门地区……是中国领土，中华人民共和国政府将于1999年12月20日对澳门恢复行使主权"。1988年1月15日，《中葡联合声明》正式生效。1999年12月20日，澳葡政府把管理权正式移交给中华人民共和国。1999年12月20日起，澳门成为中华人民共和国特别行政区。

回归前后，澳门城市权力结构始终存在中国与葡国的双核特征[②]。虽然早在1594年，澳门就已经诞生了亚洲的第一所西式高等学府——圣保禄学院，但在圣保禄学院停办以后，直到1981年几位香港商人在澳门开办东亚大学以前，澳门一直没有自己的高等教育。因此，私人筹办的东亚大学成为澳门现代高等教育的开端。东亚大学创办于1981年3月，它的出现结束了澳门长期以来没有正规高等教育的历史。东亚大学开办之初，采取英制教学模式，主要吸引香港学生就读。1988年2月，澳葡政府通过澳门基金会收购

[①] António Tavares de Castro. 二十世纪最后二十五年间的澳府组织结构：历史与未来的探讨[J]. 行政，1989（4）：769—794.

[②] 严忠明. 一个海风吹来的城市——早期澳门城市发展史研究[M]. 广州：广东人民出版社. 2006：154.

东亚大学，重新调整课程设置、教学安排，改为以澳门本地学生为招生对象，使之成为澳门培养本地人才的重要场所。1991年东亚大学更名为澳门大学。此后，澳门逐步建立起以澳门大学为首的高等教育体系。1991年，澳葡政府先后颁布了《澳门高等教育纲要法》和《澳门教育制度纲要法》等一系列高等教育法令以规范高等教育机构的运作，并建立高等教育辅助办公室作为管理、协调高等教育的专门机构。澳门现代高等教育已经进入较为稳定的发展阶段。澳门的长期繁荣稳定有赖于教育的蓬勃发展。随着澳门与内地交流的增多、粤港澳经济的一体化、澳门经济产业适度多元化等一系列的机遇与挑战，澳门高等教育在规模与质量两个方面都面临新的发展需求。

针对此挑战，澳门特区政府提出了"教育兴澳"的战略目标。澳门特区政府首任行政长官何厚铧认为，教育不仅是社会发展的人文基础，也是社会和谐的伦理基础。澳门过去、现在和将来的根本都有赖于教育的发展。特区政府将确保教育资源充分投入的同时致力于教育质量的提升。这是因为教育发展如果只有量的泛滥而无质的改进，不但不能跟上时代发展的要求，更将导致澳门自身对未来的挑战束手无策，无法实现澳门的长远目标。[1]第三任澳门特区行政长官崔世安也提出以高等教育促进澳门经济产业适度多元发展的目标。这两任特首都高屋建瓴地阐述了教育在现代澳门社会的角色以及和社会经济发展的关系，显示了澳门特区政府在整治形势下积极发展高等教育的决心。

三、社团：澳门民间社会的特色

澳门社团历史之悠久、数目种类之庞杂，是在澳门近30平方千米的土地上存在的一种独特的社会现象，堪称澳门地域文化的"特产"。澳门甚至因此被称之为社团社会。

---

[1] 徐凤山. 新经济形势下澳门高等教育的发展[J]. 辽宁师范大学学报（社会科学版），2004（4）：75—78.

（一）社团概念及其意义

所谓社团，指介于政府组织与经济组织之外的具有组织性、民间性、非营利性的组织。《澳门特别行政区基本法》的第二十条规定澳门居民享有言论自由及结社自由，以明确的形式肯定澳门居民自由结社的权利。澳门社团数量众多，截至2011年6月底澳门正式注册的社团有4952个，社团密度达到了8.87‰。[①]总体看来，澳门社团种类繁多，主要分为工商类、工会类、专业类、教育类、文化类、学术类、慈善类、小区类、乡族类、联谊类、体育类、宗教类、卫生类、政治类和其他等15种。[②]

与传统中国"总体性社会"不同，澳门不是一个政治、经济、文化三个中心高度重叠的社会，而是一个多种族、多文化、多种社会势力相互作用的多轨异质性社会。澳葡殖民管治反映的是一个欧洲的小国远距离地取得了一个世界大国的某个微型区域的行使管治权，然而由于资源不足和力量的不对等，维持一个在经济社会、文化传统上具有绝对优势的异族社区的殖民统治就显得有些力不从心，既无法简单移植僵硬的殖民统治模式，也无法依靠暴力进行野蛮的掠夺和剥削。因此，澳葡政府在经济上无所作为，政治上无为而治，文化教育上放任自流，政府规模上超小型化，政府官员高流动性，政府目标单一化——这种无法依靠自身力量和能力完成对一个多轨异质性社会的严密控制的体制被称为软殖民体制。软殖民体制特点产生了社会管治的缝隙效应，即政府和居民之间留下大片的管治空间和缝隙，需要一种体制外的力量去填补，使得澳门社会存在大量的社团组织[③]。

---

① 潘冠瑾.1999年后澳门社团发展的状况、问题与趋势前瞻[J]. 中共杭州市委党校学报，2013（3）29—36.

② 参见娄胜华. 变革与分化：澳门民间社团的发展. 载于郝雨凡，吴志良. 澳门经济社会发展报告（2008-2009）. 北京：社会科学文献出版社，2010：238. 另外，澳门特区政府公报在统计时将澳门社团分为：艺术文化、科学及科技、业主会、体育、法律、教育及青年、基金会、工商及服务、文娱活动、专业、环境保护、宗教、卫生、社会服务、劳工等15类主要的社团。

③ 娄胜华. 转型时期澳门社团研究——多元社会中法团主义体制解析[M]. 广州：广东人民出版社，2004：75.

澳门社团的兴起与问世可追溯到1569年成立的仁慈堂。此后澳门组建社团之风便一发而不可收。澳门本地人最早结社始于明末清初，一批义士以反清复明为号召组织会社。19世纪末20世纪初期改良派先驱郑观应、戊戌变法领袖康有为、梁启超，以及资产阶级民主革命先驱孙中山等人在澳门活动，使得一些政治性的社团相继诞生，如保皇会、澳门孔教会、同盟会澳门支部等。同时，随着时代的进步发展与工业革命的兴起，新兴行业社团开始成立。澳门最早的行业性组织为1840年组建的上架行业会馆。19世纪后期至20世纪，是澳门社团初起的重要阶段。被称之为澳门最具有代表性的三大社团：镜湖医院慈善会、澳门同善堂、澳门中华总商会都诞生于这一个阶段。镜湖医院慈善会、同善堂和中华总商会，相继成立于1871年、1892年、1913年，三者均有百年以上的历史，而且是在澳门社会享有威望和地位的社团。它们承担了救灾、慈善等社会义务，有的还代表华人社会与澳葡政府进行沟通、交涉、协助处理社会矛盾纷争等，对澳门社会发展做出了重大的贡献。①

澳门回归之际，随着澳门社会产业结构和社会结构的转型，澳门形成了商人主导的世俗性慈善社会团体与保护其商业利益的商业组织、由雇工阶层主导成立或经行会改组成立的工会组织，以及由新兴知识群体创办的知识性社团组织等四类主要社团组织。②

镜湖医院慈善会和同善团是华人社会最重要的慈善组织及历史较长的民间华人社团，其会址设立于澳门连胜街。1871年，沈旺和曹友等人向政府注册开设镜湖医院并依此开展了赠医施药、安置疯残、停寄棺柩、修路救灾、兴学育才等慈善方面的工作，镜湖慈善会更为兴旺。1942年订立慈善会章程，1943设立总办事处，1946年建立董事会制度，镜湖慈善会有了比较完整的管理体制，内部管理更为规范化。镜湖慈善会和镜湖医院的经费来源一直依靠社会热心人士的捐赠以及举办筹款活动来维持。从1968年开始，澳葡政

---

① 国务院港澳事务办公室澳门事务司. 澳门问题读本[M]. 北京：中共中央党校出版社，1999：333.
② 娄胜华. 十九、二十世纪之交的澳门社会变迁与结社转型[J]. 华南师范大学学报（社会科学版），2011（1）：28—33.

府开始资助慈善会，并在 1988 年获得了澳葡政府颁发的慈善功绩勋章，2002年获得了澳门特区政府颁发的仁爱功绩勋章。镜湖医院慈善会是澳门社会沟通政府与民间的重要渠道之一，曾经协助处理了澳门很多商界及日常的纠纷，为澳门社团组织树立了非常积极正面的形象。在澳门的社会治理历程中，甚至在一些特殊的历史阶段，社团因为承担了广泛的社会管理功能，一度扮演着澳门的"半个政府"的"角色"[①]。

《基本法》第一百二十一条规定："社会团体和私人可以自发举办各种教育事业。"民间社团是澳门办学的中坚力量。尤其是在初等教育领域，与政府办的教育机构共分天下。如镜湖慈善会管辖的镜湖医院、镜湖护理学院、镜平学校、镜湖殡仪馆、思亲团等组织机构。镜湖护理学院是镜湖医院慈善会属下的高等教育机构，它由 1923 年创办的镜湖护士助产学校发展而成。1945 年秋季，镜湖医院院长柯麟兼任校长，护校得到了迅速发展。1956 年何添、何贤两位社会贤达捐资兴建"澄溪纪念堂"作为其校址。

镜湖护理学院从 1991 年开始，学生入学的资格统一提升为高中毕业生，学校开始进行高中以上的教育，同时政府也开始提供部分资助。1994 年，镜湖护士助产学校学生的学历获得了法律认可，与政府其他的同类学校具有相同的待遇。1999 年 11 月 5 日在校长等人的努力下，该校正式获得澳葡政府认可，为私立的高等教育机构，培养大专程度的护理人才。在 1999 年的 11 月 16 日更名为澳门镜湖护理学院。2001 年经过镜湖医院慈善会的同意在 2002 年 9 月获得了澳门特区政府的批准，开设四年制的护理学学士学位课程。该校在 2002 年 12 月份，邀请英国、美国、巴西和香港等众多的护理学界权威为课程进行学术评审，至此护理学院的护理学学士课程质量获得了国际同行的肯定。澳门护理学院成立之后在为市民普及护理保健常识、减少新生儿死亡率、提高医院的护理水平等方面做出了相当卓越的贡献。

---

① 娄胜华，潘冠瑾，赵琳琳. 自治与他治——澳门的行政、司法与社团（1553-1999）[M]. 北京社会科学文献出版社，2013：373.

四、产业：旅游博彩的食利特质

澳门属于高度外向的微型经济体系，财政稳健，无外汇管制、税率较低。它拥有自由港的地位和独立关税地区优势，是亚太地区具有较强经济活力的地区，同时也是连接中国大陆和国际市场的重要窗口和桥梁。

（一）澳门的产业结构发展演变历史

自20世纪80年代开始，澳门形成了旅游博彩、出口加工、建筑地产、金融服务等四大经济支柱。出口加工业曾是澳门的第一大产业，后来由于生产工序外移，占GDP的比重逐年下降。20世纪90年代以来，在四大经济支柱中旅游博彩业的发展最为强劲，成为近年来带动澳门经济发展的最重要的产业。澳门产业结构的最明显的特征就是其产业结构呈现出越来越明显的单一性特征。[1]由于澳门历史发展和地理环境的特殊性，澳门的微型经济体系并不是按照产业结构的一般演变规律递次发展，第一产业仅有极其有限的渔业，第二产业主要是出口加工业，第三产业为旅游博彩和金融服务业。其中旅游博彩业为澳门最大的龙头产业，博彩税收占整个澳门特区政府财政收入的七成以上。旅游博彩业是澳门主要的经济动力之一，主要包括作为澳门最大直接税收来源的博彩业，还有其他如酒店、饮食、零售等相关行业，对推动澳门经济的飞速发展具有极其重要的意义。

（二）澳门作为国际贸易自由港的地位拥有多种竞争优势

澳门位于太平洋西岸经济发展带的"生长点"上，与周围地区和国家有密切的联系，与一百多个国家和地区建立了贸易联系，国际贸易广泛[2]。澳门是中国货物、资金、外汇、人员进出享有高度自由的区域。澳门特区政府成立后，把维护和完善自由市场经济制度作为经济施政的主线，营造受国际

---

[1] 袁持平.澳门产业结构优化及适度多元化研究[M].澳门：澳门经济学会，2006：2.
[2] 黄启臣，郑炜明.澳门经济四百年[M].澳门：澳门基金会，1994：178.

社会认同、自由开放、公平竞争和法治严明的市场环境，确保经济制度不受干扰和影响。美国传统基金会发表的 2013 年度《全球经济自由度指数》报告中，澳门被评为亚太地区第 7 位，而在全球 177 个经济体中排名第 26 位。这都源于澳门优越的地理位置、城市基础设施日益改善以及澳门特区拥有的众多优惠政策与待遇。①

20 世纪 90 年代以来，澳门旅游博彩业进入高速发展的阶段。1992 年依赖旅游业的收入已经超过出口产值成为第三产业中比重最大的产业。特区政府成立后，旅游业发展步伐更为迅速。特区政府对澳门未来的城市定位是世界旅游休闲中心，旅游业将继续朝多元化目标发展，整合澳门独特的文化资源优势，加强区域合作，拓展连线旅游，加强构建澳门成为优质的历史文化旅游城市。根据博彩监察协调局资料，2013 年上半年博彩毛收入达 1714.47 亿澳门币，同比 2012 年上涨了 15%。根据财政局资料，首五月的博彩税收达 50692 亿澳门币。

（三）澳门城市精神之一就是其彻彻底底的商业精神

英国社会经济学者富尼法尔（J.S.Furnivall）很好地解释了为什么在多元社会中会产生纯粹彻底的商业精神：多元社会中，各种社会群体的常态是混杂、混合而不是联合，每个群体都固执于自己的宗教、文化、语言、思想和生活方式。在多元代表群体中的共同意志都很微弱的多元社会里，那么他们彼此之间唯一共同的神只有财神②。严忠明在历史研究的基础上指出澳门是商人的城市，是彻彻底底崇尚商业精神的城市。"澳门 1557 年到 1849 年间诞生成型的历史，触摸澳门的城市灵魂——彻底的商业精神，澳门是个缺乏英雄的城市，不像中国大陆的地方志，翻开通篇是圣贤、英雄、节妇的传记。这里是商人的城市，似乎一切行为都通过了成本的计较。这个城市商人的思维惯性是将做人的准则与行商的决策用合算与否的经济指标来衡量，民族、

---

① 黄启臣，郑炜明. 澳门经济四百年[M]. 澳门：澳门基金会，1994：176.
② 富尼法尔. 论多元社会[J]. 林克明，译. 现代外国哲学社会科学文摘[J]. 1959（10）：17：20.

国家、人种概念在商业利益面前都被模糊处理了"①。清末著名的爱国诗人丘逢甲在《澳门杂诗 15 首》有一首诗为"银牌高署布门东，百万居然一掷中。谁向风尘劳物色，博徒从古有英雄"。这记述的是当时早期澳门赌馆兴盛，皆署银牌以招揽赌徒的历史以及"百万居然一掷中"的社会之怪现状。

澳门迅速进入高等教育战略发展期，与回归十几年来经济的快速增长是密不可分的，而经济的快速增长也需要依赖澳门高等教育每年为当地提供丰富的人才储备。据澳门高等教育辅助办公室数据统计，澳门大学每年为当地提供两三千名毕业生，为当地的经济发展提供丰富的人才储备。这种良性互动关系的初步形成，有力地促进了澳门城市的稳定与繁荣。然而，由于澳门过分倚重商业博彩业的特点，以及高等教育以市场为导向的办学机制，在一定程度上制约了高等教育的进一步发展②。随着澳门经济的快速增长，特区政府逐步加大了对高等教育经费的投入，有力地保障和促进了澳门高等教育的持续发展。据时任澳门大学校长赵伟认为，在回归后十多年间，政府拨给澳门高校的经费以每年 20%的速度增长，到 2009 年每年每生的政府补助有 96000 澳门币。

澳门高等教育的课程设置与澳门重商的经济特质和产业结构息息相关。博彩业"一业独大"的经济结构制约着澳门高等教育的人才培养。澳门博彩业"一业独大"所造成的产业结构单一和对外高度依存的问题，不仅越来越成为澳门经济社会可持续发展的最大隐忧和严重的障碍，也为高等教育的发展和人才的培养造成了障碍③。首先，博彩产业的不稳定性在一定程度上左右着高等教育规模的扩展。博彩产业蓬勃发展以高工资吸引澳门中学毕业生面对巨大的利益诱惑而弃学从工，致使高等教育在招生上出现下降的趋势。其次，从澳门各高校的办学体系结构来看，其在投资办学主体以及办学模式等方面，公立和私立高校都呈现出多元多样的形态。虽然公立高校经

---

① 严忠明. 一个海风吹来的城市——早期澳门城市发展史研究[M]. 广州：广东人民出版社，2006：235.
② 袁长青，杨小婉. 经济视角下澳门高等教育发展的历史与现状[J]. 国际贸易探索.2011（2）52—57.
③ 袁长青，杨小婉. 经济视角下澳门高等教育发展的历史与现状[J]. 国际贸易探索.2011（2）52—57.

费都是来自政府拨款，但是渠道来源有差异。私立高校则主要由产业组织或者社团协会投资办学，体现谁投资谁管理谁受益的原则，但同时也使得高等教育在价值取向上一味地迎合市场，不利于培养澳门城市真正需要的创新人才和高素质精英人才。有学者认为从澳门长远发展的角度考虑，认为这种市场化的倾向会导致澳门高等教育对澳门城市社会发展的支撑作用大打折扣。[1]

追溯大学历史的源头，大学在成立之初专注于传授知识的自治团体的性质，使得它拥有不受政府、教会以及其他官方或非官方之任何团体或个人干预的自由和权力。因此，它是组织成员们以高校这个群体团体的代表资格而非以单独自然人或某特定团体的资格来决定高校自身的管理[2]。高等教育系统所处的外部历史环境对组织内部所产生的诸种影响，只因为组织内部与外界环境息息相关，外部世界总是一个组织的内部展现，因为构成组织的人也是社会成员：他们隶属于不同的社会阶层、不同的职业种类以及各种不同的宗教团体，而且他们的行为，将这些根本不同的社会影响转变为组织环境。[3]

无疑，澳门高等教育扩展是在澳门的时空当中展开的，它既延续了澳门城市发展史的印记，也离不开高等教育外部的微型与多元的城市客观环境、城市社会结构当中的组织等现实空间的制约及影响。按照共生理论的思想，澳门城市的历史传统、客观环境与城市社会的主要力量共同铸就了澳门的现代高等教育的样态。

---

[1] 袁长青，杨小婉. 经济视角下澳门高等教育发展的历史与现状[J]. 国际贸易探索. 2011（2）52—57.
[2] 潘懋元. 多学科观点的高等教育研究[M]. 上海：上海教育出版社，2001：74—76.
[3] [法]埃哈尔·费埃德伯格. 权力与规则——组织行动的动力[M]. 张月，等，译. 上海：上海人民出版社. 2005.72.

第三章 合法性、资源与理性：澳门高等教育扩展的动因

罗恩·阿什克纳斯（Ron Ashkenas）等在《无边界组织》一书中非常形象地表达了很多组织保守的顽固。他认为很多封闭性的组织就像被城墙和护城河环绕着的城堡一样，很多组织人为地在自身与外界之间设下了边界。尽管边界并不是由石头和流水构成的，这些边界却同样难以逾越，而且，它们同样也是陈旧过时的。速度、灵活性、整合以及创新等促进成功的因素，正在让不同组织之间的边界日益地丧失存在的意义。事实上，如今躲在这样一些边界的后面，可能要比大胆地走出来更危险①。正如博克在《走出象牙塔》中所倡导的那样，现代大学必然要走出象牙塔，积极与外部世界发生联系，并服务于社会。至于高校为何要走出象牙塔，本章基于高等教育自身的角度阐述高校为何要与城市进行互动的原因，从高校的认可危机、资源依赖和有限理性等三个方面进行阐述。

管理学著名学者马奇认为组织在运行实践方面始终会存在合法性的缺失、相互依赖的境地和有限理性等三种特征。②合法性的缺失来自组织所有的目的与结果之间有限合法性与有效性之间的缺陷，首先组织的目标或目的所遵循的价值、规范以及合法性论证系统的不足造成了组织自身的成员与它们的互动关系；其次是组织的目标只是相对化了组织演进中的利益、价值以

---

① [美]罗恩·阿什克纳斯，迪夫·乌里奇，等. 无边界组织[M]. 姜文波，译. 北京：机械工业出版社，2005：153.
② [法]埃哈尔·费尔伯格.权力与规则——组织行动的动力[M]. 张月，等，译. 上海：上海人民出版社，2005：104.

及合法性的论证系统，人们不仅与组织自身的结构、规则打交道，更重要的是需要与这些含混在一起的政治基于的思考以及权力关系的管理、行动的逻辑等的建构打交道。组织是多种逻辑的错综复杂的组合体，需要从源自多个世界的原理中寻找它们的合法性[1]。高校作为一个学术性组织，它和其他组织一样，要接受社会的法律制度、文化期待、观念制度，要采纳在外部环境中具有合法性的组织结构或做法。所以在某种意义上来说，高校组织合法性的过程，就是高校不断同化或顺应外部环境变化的过程，是不断接受社会法律制度规制的过程。

相互依赖的情境源自组织本身不是同质性抑或连续的流动性的想象体，而恰恰是异质性和非连续性，甚至种种断裂。因此组织内部存在着无处不在的脆弱的纽带抑或"松散的结合"。组织为了生存或壮大不得不保护及增强自己的自主权和行动的能力，寻求每一个机会去减少自己对他人的依赖。

有限理性是学者西蒙根据企业管理中的决策者、管理者介于完全理性和非理性之间的"有限理性"（Bounded Rationality）的现实提出来的。决策者的价值取向和目标往往是多元的，不仅受到多方面的因素制约，而且处于变动之中乃至彼此矛盾的状态。有限理性表现为：决策者无法找到所有备选方案；决策者无法预测全部备选方案的后果，但决策者有一套明确的选择机制（或称作偏好体系），这套选择机制能使决策者在复杂的环境中选出"最优"的结果。[2]（此处的"最优"与古典决策理论中的"最大"相对照）西蒙将"有限理性"描述为一种"剩余模型"，即有限理性在很大程度上刻画为一种剩余模型，组织在它缺失全知全能性的时候是有限的。

罗恩·阿什克纳斯（Ron Ashkenas）在其所著的《无边界组织》一书中充分认可跨越组织与外界的边界的必要性。那么澳门高等教育扩展的过程中，为了寻求合法性、寻求组织所必需的资源、避免组织自身的有限理性，

---

[1] [法]埃哈尔·费尔伯格. 权力与规则——组织行动的动力[M]. 张月，等，译. 上海：上海人民出版社. 2005：104.

[2] 皮晓嫚. 从"经济人"到"管理人"—对西蒙"有限理性"的再认识[J]. 知识经济，2008（7）：2—3.

必然决定了澳门高校必然跨越组织自身的边界，与澳门城市社会展开全方位的互动与联系。

第一节 认可危机：外部合法性诉求

高校合法性是高等教育与城市互动的前提，也是高等教育扩展的前提。高校合法性问题的实质是组织合法性问题。合法性是任何一个组织赖以存在的基础。组织合法性最初由马克斯·韦伯提出，经由约翰·罗尔斯、尤尔根·哈贝马斯等人的努力逐步发展完善。对于组织合法性意义的理解，学者们从政治的、法律的、伦理的多种维度进行了深入分析，但无论对组织合法性意义的何种理解，其组织合法与否的判断标准都在于其组织的价值取向正义与否。组织社会学认为组织合法性是组织内权威结构获得承认、支持与服从。而支持、服从与认同实际上是一种关系性的互动，这种互动主要基于两个层面的互动，一是组织内部互动，即组织内部成员对组织权威系统的认可、服从与认同，换言之，即组织的自我认同；二是组织外部互动，即组织外部对组织权威结构的承认与认同，换言之，即组织的社会认同。自我认同与社会认同共同构成了组织存在与发展的逻辑基础。那么，高校作为社会组织的一种特殊类型，其合法性的获得同样包括这两个维度：自我认同与社会认同。基于本文的研究视角高校与城市的互动关系，本文对高校合法性的探讨主要是其组织外部互动或社会认同层面，即有哪些决定组织外部合法性获得的决定因素或者力量。

合法性的意义在于可以帮助组织提高社会地位，得到社会承认，固化组织文化，团结组织成员，帮助组织获取资源，控制反对力量，减少问责制的要求以及保持组织成员的承诺等都有着积极的作用。总体上看，组织合法性对组织行为的影响可以在两个层次上进行讨论：一是强意义，二是弱意义。所谓强意义的合法性是说组织行为、组织形式都是制度所塑造的，组织或个体没有自主选择性；而弱意义上的合法性是指制度通过影响资源分配或激励方式来影响组织或个体的行为。这也可分别对应组织合法性研究中的制度观点与战略观点。具体而言，组织合法性对于组织的重要性主要包括以下3个方面。

第一，组织合法性能够帮助组织获取如技术、经济、社会资本、市场、合作伙伴和顾客等关键资源。李国武认为行业协会获得社会合法性之后，利益相关者都愿意把自己拥有的资源提供给那些看起来符合社会规范和期望的组织，这与没有合法性组织相比具有天壤之别。[①]还有学者指出企业获得合法性可以帮助企业拥有更多资源和竞争力、吸引高质量的联盟伙伴，减少搜寻合作伙伴的成本，有效地利用联盟伙伴的关键资源，这些都使企业获得更多的投资和资助成为可能[②]。第二，合法性的获得可以合理地规避外界风险。不同利益相关者是维持组织自身的合法性价值的途径、利益相关者如何调动那些使他们能持续发展的各种组织行为证明他们立场的正当性，从而避免了存在与发展的风险性等三方面的理由恰好说明了正当性理论本身的含义[③]。新成立的组织获得合法性之后，能够提高利益相关者的认可与支持也有利于自我复制，减少相应的精力与成本，而组织合法性也有助于防范集体行动方面出现的种种风险与危机[④]。第三，合法性是组织获得竞争优势、提高组织绩效的重要保障。有关研究表明，获得合法性的企业与未获得合法性的企业在国际市场上开展竞争、占领市场以及提高绩效方面都具有无可比拟的优势。

布鲁贝克（John Brubacher）在他的著作《高等教育哲学》中对高校组织的合法性诉求曾有过极为精彩的论述。他解释道：正如高等教育的界限埋嵌在历史发展中一样，高等教育哲学的许多方面也是随着历史的发展而逐渐显

[①] 李国武. 产业集群中的行业协会：何以存在和如何形成[J]. 社会科学战线，2007（2）：42—48.

[②] Dacin, Oliver, Roy. The Legitimacy of Strategic Alliances: An Institutional Perspective[J].Strategic Management Journal, 2007(28): 169—187.

[③] Gerardo Patriotta, Jean Pascal Gond, Friederike Schultz. Maintaining Legitimacy: Controversies, Orders of Worthand Public Justifications[J]. Journal of Management Studies, 2010(8): 1—33.

[④] 李燕萍，吴绍棠，杨婷. 组织合法性的整合框架与维护策略研究——兼论中国红十字会信任危机的补救[J]. 武汉理工大学学报（社会科学版），2012（3）：415—422.

第三章　合法性、资源与理性：澳门高等教育扩展的动因

现的事实，这许多方面都是以满足各自所属历史时期的不同程度的需要来获得各自的合法性地位的中世纪的高校把它们的合法地位建立在满足当时社会的专业期望上，接着文艺复兴后的高校又把其合法性建立在人文主义的抱负之上，这种人文主义抱负的发展以自由教育观念为顶点，自由教育观念使得红衣主教纽曼（John Henry New Mnan）时代的英国式学院合法化。与英式学院暂时并进的是德国高校，它们是启蒙运动的产物，它们在注重科学研究中获得其合法地位，最后还出现了赠地高校，这些高校的合法地位依赖于它们把人力、物力用于为社会和国家的发展服务。

一、合法律性：外部合法性的制度基础

接受法律规制是高校获得合法性的首要条件。中世纪的高校在诞生之初"不是一块土地、一群建筑，甚至不是一个章程，而是教师和学生组成的社团和行会"，它与拉丁文中的"universitas"相对应，常常用于表示一些合作性的团体，如手艺人行会、自治团体以及教师或学生行会。作为行会的高校组织在创办之初，就是由以教师给学生传道授业的方式进行，加之后期教皇或国王赋予高校的特许状使得中世纪的高校身份合法化，保障高校享有高度的自治和学术自由。高校行会掌控人员录用，有权确定其内部机构的章程，有权要求其成员做遵守其章程的宣誓，拥有选举官员的权利，以保证其章程的落实，并代表行会面对外部权利或为高校诉讼等方面拥有一系列的权利。特许状是西方高校最古老、最重要的政府管治方式，而且今天它仍然是西方某些高校获得合法性的法律文件。合法律性是现代民族国家产生后高校组织所必须面对的第一个外部合法性的条件。[①]高校与其他的社会组织都必须得到法律的认可方可获得合法性，是高校得以生存、运行的首要条件。

20世纪之前澳门高等教育长时间的缺失源于得不到澳葡政府的认可。冯增俊、刘羡冰、夏泉等根据史料记载，认为20世纪澳门曾经掀起两次高校办

---

① 孙华，特许状. 大学学术自由的张力和社会控制的平衡[J]. 教育学术月刊，2010（3）：37.

学的热潮都因为澳葡政府"只取不建、无心办学"的宗旨而不了了之。一次是在 20 世纪初，受到内地轰轰烈烈的义和团运动的影响，中国最著名的教会学院——格致书院为躲避战乱将学院由广州迁至澳门，也是澳门高等教育史上第一所外地高校。由于当局的不认可，格致书院仅存在了四年时间（1900—1904 年）。第二次为中国抗日战争时期，一些著名的内地知识分子纷纷来澳办学，诸如华侨高校、华南高校、中山教育学院、越海文商学院等比较著名的高校，这些高校具备优良的师资，为澳门本地学生提供了接受高等教育的机会，但也因为澳葡政府的不认可而不得不忍痛相继关闭。

直到 1978 年来自香港的地质工程师黄景强借在为澳门提供城市发展规划之际，取得了澳葡政府的信任并获得澳葡政府批租土地。在澳葡政府的许可下，1981 年黄景强、胡百熙、吴毓麟等三位香港人士分工负责校园建设、公关筹资、师资招募等方面，在通力合作中建立了东亚大学。虽然这所大学主要是为香港的学生服务，本地生所占比例极少，并以远程教育为特色，但是自此澳门有了第一所现代意义上的大学并揭开了澳门现代高等教育的序幕。

（一）私立院校合法性的获得

回归前后，澳门的私立高校发展处于一个黄金时期，先后有六所高校成立。私立院校在澳门高等教育的规模扩展与高等教育大众化进程中意义重大。然而，不可忽视的是，私立院校的合法性获得是私立院校得以建立乃至澳门高等教育扩展的前提。1991 年 2 月 4 日第 11/91/M 号法令，即《关于订定在澳门地区从事高等教育活动的一切公立及私立教育机构的组织和运作》制定关于澳门高等教育的法律制度和法定编制，容许设立在本地区根据国际接受的标准及方式并在符合其结构、经济和社会实况下发展高等教育的私立机构，从而为过渡期绝对需要的人才培训做出贡献。按照该第三十九条第一、二款，（一）所有依据法律之规定建立的、具有社团、基金会或合作社形式的非公共法人，可被准许开办私立高等教育机构。（二）依据法律之规定建立的具有股份制商业机构形式的团体法人，在下列情况下也可开办高等教育机构：（a）所开办教学之学术领域与有关商业机构专业范围内的生产活动之间有直接关系；（b）所开办的教育活动对于该商业机构专业范围内的活动有辅助作用；及第四十二条第一款之规定，即对于私立高等教育机构及其所有人的认可以及对于各课程运作的批准，由总督通过训令规定之。根据不同情况，认可的内容可包括：教育机构的名称，所有人的名称，教育机构的性质及目标，开设的课程，颁授的学位及有关教学计划以及教学活动于何年开始等；及行使《澳门组织章程》第十六条第一款（b）项之权，即根据宪法规定及本章程的规定，非保留予共和国主权机关而属于总督的执行职能领导整个公共行政权限。以上是对澳门地区创立私立高校的合法性的一般规定。下面分别对澳门私立院校合法性获得进行简要概述。

1. 澳门城市大学

1992年8月24日根据第178/92M号训令，承认"SIEFEDIS——国际出版培训及遥距教育有限公司"为一私立高等教育机构的权利实体，并准予开办亚洲（澳门）国际公开大学，并按有关的规定订立的章程从事高等教育。2011年，根据第6/2011号行政命令澳门特区政府认可将"亚洲（澳门）国际公开大学"的中文、葡文及英文名称分别更改为"澳门城市大学""Universidade da Cidade de Macau"及"City University of Macau"。根据第13/2012号行政命令，2012年，澳门特区政府认可"澳门城市大学基金会"为私立高等教育机构"澳门城市大学"的所有人。根据现行法例及本身章程澳门城市大学享有章程、学术、教学、行政及财政自主。

2. 圣若瑟大学

1996年8月12日，根据第207/96/M号训令许可设立澳门大学校际学院，第206/96/M号训令批准天主教大学高等教育基金设立澳门大学校际学院，并承认该学院为高等教育机构。根据2月4日第11/91/M号法令第四条第一及二款，第十四条第四款及第四十二条第一款和澳门组织章程第十六条第一款（a）项之规定，总督决定承认澳门大学校际学院，该学院之总部设于澳门，为一所私立高等教育机构,根据现行法例及本身章程圣若瑟大学享有章程、学术、教学、行政及财政自主权。澳门大学校际学院后来分别在1997年更名为澳门高等校际学院，2009年澳门高等校际学院再次更名为圣若瑟大学。

3. 澳门管理学院

2000年，根据第45/2000号行政命令，澳门特区政府认可由澳门管理专业协会创办的非牟利的私立教育机构澳门管理学院，其牌照编号为267/99，院址为澳门上海街175号中华总商会大厦九楼，转换为一所私立高等教育机构，院名仍为"澳门管理学院"，葡文名为"Instituto de Gestão de Macau"，英文名为"Macau Institute of Management"。澳门管理学院按照现行法例及本身章程的规定，享有制订章程以及学术、教学、行政和财政的自主权。

4. 澳门镜湖护理学院

以前护理学校是隶属于镜湖医院的一个部门，直到1989年9月5日从政府的教育文化司拿到学校的牌照之后，对外才是一个独立的机构，但是还属于医院。9月5日从政府取得牌照只是说明镜湖护理学院是对外的可以开业的一个牌照，核实学院的地点、面积、消防等，如同开设一个咖啡厅一样的要求。在专业与教育标准等方面没有任何的规定和规划。①

5. 澳门科技大学

2000年，根据第19/2000号行政命令，澳门特区政府批准"精英教育发展股份有限公司"（葡文为Elite—Sociedade de Desenvolvimento Educacional, S.A.）成立澳门科技大学，认可其作为一个高等教育机构。澳门科技大学按照现行法例及本身章程的规定，享有制订章程以及学术、教学、行政和财政的自主权。根据19/2000号行政命令，澳门特区政府认可其为私立高等教育机构。同时，澳门科技大学基金会（其葡文名称为"Funda o Universidade de

---

① 源自《澳门现代高等教育》课题组121113访谈。

Ciência e Tecnologia de Macau"英文名称为"Macau University of Science and Technology Foundation")于 2003 年 11 月 7 日成立,地址位于澳门氹仔伟龙马路,并经 2004 年 8 月 2 日的行政长官批示认可。根据于 2005 年 12 月 23 日所签订的合同,以及 2005 年 10 月 14 日股东大会及 2005 年 10 月 15 日信托委员会所做出的有关决议,精英教育发展股份有限公司将澳门科技大学的拥有权转予澳门科技大学基金会,澳门特区政府于 2006 年 6 月 12 日发布第 22/2006 号行政命令,认可澳门科技大学基金会为私立高等教育机构澳门科技大学所有人。

6. 中西创新学院

2001 年 8 月 27 日,澳门特区政府发布第 33/2001 号行政命令,认可"创新教育社股份有限公司"为一所私立高等教育机构的拥有人,并批准其开办中西创新学院。"创新教育社股份有限公司"2000 年 9 月 1 日创办,葡文名为"Millennium-Instituto de Educação, S.A.",英文名为"Millennium Institute of Education, Limited",总部地址设于澳门大堂区新口岸友谊大马路置地广场 1108 室。2001 年 8 月 27 日,澳门特区政府发布第 35/2001 号行政命令,认可总部地址设于澳门的"中西创新学院",葡文名为"Instituto Milénio de Macau",英文名为"Macau Millennium College",是一所受本章程规范的私立高等教育机构。中西创新学院按照现行法例及本身章程的规定,享有章程、学术、教学、行政和财政自主权。

综上所述,澳门地区高校共十所,其中私立高校占六所,从数量与规模上来看,澳门私立院校是澳门高等教育规模扩展的主要力量。而私立院校能够得以创办,其前提在于其合法性的获得。显然,1991 年 2 月 4 日第 11/91/M 号法令——《关于订定在澳门地区从事高等教育活动的一切公立及私立教育机构的组织和运作》是私立院校合法性获得的基本规定,它为澳门私立院校的创办奠定了基本的法律框架。此外,澳门城市大学、圣若瑟大学、澳门镜湖护理学院、澳门管理学院、澳门科技大学与中西创新学院 6 所私立高校的具体创办合法性的获得,为各所私立院校创办目标的真正实现提供了制度性保障。

（二）课程与其他认可

1. 澳门高校课程向葡萄牙政府取得认可

过渡期间，1995 年 1 月 28 日，第 19/95 号法令中第二条规定："澳门大学及澳门理工学院所教授之课程以及所颁发之学位及文凭，如与葡萄牙高等教育机构所教授之相应课程具同一水平之学术、教学架构及要求，为所有之效力，均得在葡萄牙高等教育制度下获认可。"在此法律框架下，已认可了数十个澳门大学及澳门理工学院的专科学位、学士学位及硕士学位课程。1999 年 5 月 3 日第 145/99 法令第一条法条规定，旅游学院的课程及学位，如与葡萄牙高等教育机构所教授之相应课程具同一水平之学术及教学架构及要求，均能在葡萄牙高等教育制度下获得认可。

在 2011—2013 年期间，澳门城市大学的文化产业管理硕士学位课程，应用心理学硕士、博士学位课程，艺术学学士学位课程，旅游管理博士学位课程（英文学制），工商管理博士学位（DBA）课程（中文学制），应用经济学学士学位课程（中文学制），旅游管理学士、硕士、学位课程（英文学制），教育学硕士、博士学位课程（中文学制），国际款待与旅游业管理学士、硕士学位课程（中文学制），服务业管理学士学位课程（中文学制），工商管理学士（BBA）课程（中文学制）等取得澳门特别行政区政府法律认可。

此外，政府对于高等教育机构及其所有人的认可以及对于各课程运作的批准，认可的内容可包括：教育机构的名称、所有人的名称、教育机构的性质及目标、开设的课程、颁授的学位及有关教学计划以及教学活动于何年开始等。澳门高校下属院系（学校）、研究中心等亦要向政府申请取得法律认可。（1）院系认可。比如葡澳政府认可澳门理工学院附设视觉艺术学校、体育暨运动学校等。（2）研究中心认可。比如政府对澳门城市大学的旅游博彩研究所、澳门高校博彩研究所、澳门理工学院博彩教学暨研究中心创办的认可。

二、高校理念：外部合法性的自我辩护

高校理念就是关于高校为何、高校何为的系统理论谱系。[①]高校理念是高校合法性的重要组成部分，那么则会有高校理念本身的合法性问题。换言之，高校理念本身合法与否。所谓高校理念的合法性就是组织的功能、精神与追求等方面的自我标榜，这种自我标榜的目的就是为了谋求组织内外部的接受、认同与支持[②]。那么其判断高校理念合法与否的标准与尺度又是什么？即高校的这些理念能否实现，或在多大程度彰显了高校组织的本质品性——对基于知识之上的"自由"的认同和追求。[③]高校外在的合法性的取得离不开用高校理念、高校使命、高校精神、高校理想等口号与理论为自己的必要性与合理性展开辩护，创建或组建一个公共组织。如果没有一套组织使命或组织理想，组织的追求与精神等说辞为自己辩护，这个组织则不容易获得社会的认可，所以任何一个高校同任何一个公共组织一样，必须用自己的一系列的所谓的高校理念、高校精神与高校使命等为自己展开合法性的辩护。比如：哈佛大学的校门就刻着一句名言："为增进知识走入来，为服务祖国和同胞走出去。"剑桥大学则把自己的使命定位，通过追求国际最高水平的优秀教育意识研究，为社会做出贡献作为自身的使命，清华大学的校训："自强不息，厚德载物"。其都在强调为历史、经济、人类社会的幸福。同样，澳门地区的高校亦概莫能外。

1. 澳门大学

澳门大学在东亚大学创校时将中国圣贤提倡的五种美德"仁、义、礼、知、信"奉为校训，为儒家思想的核心，也代表澳门大学致力于培养具备这五种崇高品格学生的使命。池田大作认为澳门大学前身东亚大学所崇尚的办学宗旨"仁、义、礼、智、信"既有佛法哲学意义也有现代社会所必需的独

[①] 孙华. 大学之合法性[M]. 北京：中国社会科学出版社，2010：86.
[②] 孙华. 大学之合法性[M]. 北京：中国社会科学出版社，2010：32.
[③] 孙华. 大学之合法性[M]. 北京：中国社会科学出版社，2010：86.

特意义。①池田大作认为：首先"仁"，可以说是 Humanism，为人道的觉醒之意，广而言之，即是人类爱的觉醒。所谓"义"，是指利己主义的克服。虽然尊重彼此的主权，但必须跨越国家中心主义，旨在呼吁"人类利益""人类主权"。在这个意义上世界市民的条件就是要战胜这种利己主义。再有"礼"是承认他人的存在，表敬意。世界是各种各样的民族、国家的集合体，各自保有独自的文化，形成自我同一性的核心。承认这一点，理解尊重不同的文化是和平共存的基础。还有"智"，可以说智慧乃创造之源。当今世界上国际争端此起彼伏，环境问题等全球性问题重叠，要想解决这些争端与问题就必须要打破僵化的思想、涌现灵活而新鲜的智慧并将其辐辏汇集在一起。最后"信"即诚实。化不信为信，化反目为理解，化憎恶为慈爱等不言而喻，但其根本在于"诚实"。用计谋或手段不能耕耘信赖这块友谊大地，为使世界相互敞开心扉"信"是绝对的必要条件。澳门大学的校训从这五个层面说明了培养人才的规格。

大学校徽同大学理念一样也有其象征功能。主要是为了彰显大学的办学理念和人文精神。②澳门大学的校徽由一个五座城堡冠顶的盾牌和分别用中葡文书写的"澳门大学"的校名字样组成。书上的钥匙是知识之匙，用以打开知识宝库；四周的海浪代表着高校身处中国海域的一个小岛上。大桥寓意文化的沟通，是连接东西方文化的象征。"仁、义、礼、知、信"为人才培养时遵循的五种美德典范。校徽采用红、蓝、金三色，代表着希望、幸福及人类之进步。

澳门大学在成立初期具有双重目标：一方面与澳门及其所处地域的社会、经济及文化现况做出完全的、必需的及其重要的联系；另外一方面亦与知识以及智慧及艺术创造的世界网络做必需的联系③。澳门大学是一所年轻

---

① 池田大作. 通往新世界秩序之道[EB/OL]. http://www.daisakuikeda.org/cht/lecture-09.html.（2014-1-1）.
② 李金桥，时章明.大学校徽的功能与意义[J]. 现代大学教育，2008（1）：91—94.
③ 名誉学位颁授典礼上韦奇立的演讲. 一九九三/九四年度开学典礼暨一九九三届毕业典礼[M]. 澳门：高等教育辅助办公室，1994：103.

而有活力的高等学府，不断致力改善及完善国际化的教学及研究工作，以取得卓越成果。它将坚持一贯的目标，继续发挥在澳门高等教育及研究领域的主导作用，为澳门社会及经济发展做出积极的贡献，并努力发展成为一所重要的地区性国际高校。

2. 澳门城市大学

澳门城市大学秉持"明德、博学、尚行"的校训，即博文明理、厚德济世、身体力行。其中"明德"是高校之道，而"博学、尚行"是实现明德的途径。育人为本、德育为先。培养的是理论、实践、技能融为一体的，知行合一、实干兴邦的人才：高远境界、高尚品德、厚重文化、广博知识、勤于实践、行动能力。

3. 澳门科技大学

澳门科技大学崇尚"意诚格物"之校训，恪守"增进文化交流，致力人才培养，促进经济发展，推动社会进步"的办学宗旨，紧贴澳门本地和祖国发展所需，充分吸纳国际一流高校的办学经验，创办各类教育课程，培养基础理论扎实、实践及创新能力强、通晓中英双语、德才兼备、符合科技与经济全球化发展所需的高质素人才，同时积极拓展多元化和前沿性学术研究，促进高校跨越式发展，努力跻身亚洲知名学府行列。

4. 旅游学院

旅游学院则本着 IFT 精神，以一致的信念共同努力来实现既定的抱负。所谓 IFT 精神即为：力求创新（Inspiration）；不断进步（Forward-looking）；团队精神（Teamwork）。学院致力成为一所在修读旅游、文化遗产、酒店及旅游会展及节目管理学位课程和专业培训方面全球公认的高质量的首选高等教育机构。竭诚为澳门及亚太地区的旅游发展做出贡献。旅游学院在旅游高等教育上致力于寻求多元化及国际化的发展，从而提升课程质量。旅游学院承诺会不断寻求学习及教育创意，为澳门的旅游培育专才发展做出贡献。

此外，澳门镜湖护理学院坚持弘扬"从人到仁"的教育理念，推动护理关怀教育；澳门理工学院秉持"普专兼擅、中西融通"（Knowledge, expertise and globalvision Ab scientia ad veritatem）的校训。

综上所述，澳门高校的高校理念各有差异。从文化传统来看，有东方文化的，有西方文化的，有传统的也有现代的，但多以中国传统文化为主。就这些高校理念能否获得社会认同的程度来说，笔者认为有两个最基本的判断标准：一，能在多大的程度上实现；二，能否彰显组织品性。在这个标准之下，澳门大学"仁、义、礼、知、信"的校训本身就是中华民族的传统美德，澳门虽然是一个多元化并存的地区，但仍然是中国传统文化占据主要地位，并容易获得社会认同，而且"仁、义、礼、知、信"作为个人美德也容易实现，但是它存在一个很大的缺陷就在于很难彰显澳门作为一所高校的组织品性。换言之，校训与中华传统做人的美德一致，无法体现其作为高校组织特有的精神气质。因此澳门大学的高校理念缺乏自身组织特色，必然很难获得广泛的社会认同。澳门城市大学的校训"明德、博学、尚行"，从品德、认知与行为三个维度对高校理念进行了界定，具有实践性特征，同时也彰显了高校组织特有的气质，容易深入人心。旅游学院的IFI精神是高校理念的现代化呈现，但缺乏旅游学院作为专门学校的特色。澳门镜湖护理学院的校训则体现了其专业特色，也容易实践。澳门理工学院的校训"普专兼擅、中西融通"既体现了其专业特色，又彰显了国际化导向，容易获得社会认同。

三、有效性：外部合法性的综合巩固

有效性指组织的实际业绩。要理解组织的有效性就要先理解和认识组织目标。从最原初的意义上讲，组织的有效性可以被理解为组织目标的达成程度，组织的有效性是组织实现其目标的能力的综合反映，对组织存在和发展有着决定性的意义。李普赛特从政治学的角度出发，认为有效性是

组织的实际的政绩，组织的制度在大多数人民及势力集团的大商业或军队眼中能满足政府基本功能的程度。[①]其次还有基于资源获取的观点，认为组织与其所处的环境息息相关，组织依赖周围的环境并借此获得相应的资源，并在这个过程中提取的是与组织发展相关的有价值的核心资源[②]。最后还有基于组织能力的观点，认为组织的有效性追求的是一种可持续发展的能力，而不仅仅关注组织的结果，但是这个观点并不占有效性研究的主流。

高校有效性的实现与其特定的教育发展目标是休戚相关的。澳门的高校都有其特定的人才培养目标。根据2012年1月16日《澳门日报》在C11特刊上的标题《澳门大学四位一体育全人》《理工致力培养学贯中西人才》《科大十年目标重在学术》《镜湖推动护理全人教育》《管理度身订造育高质人才》《圣若瑟大学全英教学以质取胜》，显然，澳门大学的目标是在于培养全面发展的综合性人才，而澳门理工学院与圣若瑟大学则注重国际化办学方向，澳门镜湖护理学院与澳门管理学院的目标则在于体现其自身的专业特色，而澳门科技大学则致力于科研的发展。高校的办学方向与其自身的定位与发展目标密不可分，具体实现程度就体现了其高等教育办学的有效性。

高校有效性是高校之于社会的功用。高校有效性的概念是在组织有效性概念的基础上发展起来的。简而言之，有效性是高校之于社会功用的总体性描述和总结，也可以解释为高校满足社会理性的程度。孙华指出有效性是高校组织的基本功能与外部社会诉求之间相互作用和妥协的产物，它介于高校的功能与职能之间。[③]另外还有学者从获取有效性过程的角度解读高校有效

---

① [美]西摩·马丁·李普塞特.政治人：政治的社会基础[M].郭为桂，林娜，译.南京：江苏人民出版社，2013：54.
② Wayne k Hoy, Cecil.G. Miskel.Educational Adminstration-Theory: Research and Practice[M]. NewYork: McGraw-Hill, IN.1987：389.
③ 孙华.西方大学的有效性与合法化[J].教育研究，2009（5）：30—34.

性的概念，认为高校在朝向其使命与目标的过程中，收集、分析有关于达标情况与成果的指标、数据与信息，并加以度量与表达的过程，用此度量的结果帮助决策的制订和促进改革系统的连续的过程[①]。这个概念是基于过程的观点，重点在强调获得有效性的过程。

高校有效性是高校外部合法性的核心要素，是最为显性的要素，是高校理念、高校制度等合法与否的外在表现。如果没有高校有效性，即使高校获得政治认可也会再次失去社会认可。高校有效性对于高校合法性的巩固具有至关重要的作用。那么，高校有效性的衡量标准是什么？一般而言，主要从量与质两个维度来衡量高校的有效性。量主要指高校在教学、科研与社会服务等方面的"产出"多和少。而质则指这些"产出"是否符合伦理规范，接受善恶评价，即高校的"产出"是否指向了作为社会良心和社会公器的高校应有的品质追求[②]。根据这一标准，首先基于量的维度分析，基于教学、科研、社会服务三个层面解读，具体分析澳门高校的有效性，以期探求其对合法性的有效巩固程度。

（1）教学有效性。澳门高等教育的教学有效性可以说是复杂的、具体的，甚至在某些方面是无法量化的。但这并不是完全无法描述的，其中很重要的风向性指标就是每年的学生毕业人数以及各个学位层次的办学情况。现将具体情况概述如下。

表3-1 2000—2012年澳门高校的毕业生人数（按学位层次）

年度	毕业生总数	毕业生（男）	毕业生（女）	博士学位	硕士学位	学士学位	其他
2000	1801	707	1094	2	304	681	814
2001	2277	747	1530	1	264	1000	1012
2002	2194	833	1361	2	229	954	1009
2003	2237	810	1427	—	235	1030	972
2004	2743	1006	1737	2	386	1365	990

---

① 姜华. 高等教育院校有效性及清华大学度量研究[D]. 哈尔滨工业大学，2006：17.
② 孙华. 大学之合法性[M]. 北京中国社会科学出版社，2010：104.

续表

年度	毕业生总数	毕业生（男）	毕业生（女）	博士学位	硕士学位	学士学位	其他
2005	3265	1241	2024	10	433	1715	1107
2006	3698	1451	2247	23	424	2204	1047
2007	3941	1460	2481	16	470	2503	952
2008	4559	1829	2730	63	543	2774	1179
2009	4932	1956	2976	—	—	—	—
2010	5433	2135	3298	—	—	—	—
2011	5804	2430	3374	125	690	4041	948
2012	6158	2449	3709	81	764	4350	963

数据来源：澳门暨普查局历年教育调查

（2）科研有效性。澳门高校发展时间短，其科研实力整体不强，尤其以培养应用人才为目标的高校更是如此。但是，注重与提升学术研究仍然是澳门高校的主要工作之一。就目前学术状况而言，尤以澳门大学、澳门科技大学的发展最为迅速。

国际化领先的澳门大学学术研究。其一，澳门大学研究委员会成立。为发展与推动澳门大学的学术研究，澳门大学于1993年专门成立澳门大学研究委员会，一直致力发展科研，其主要职能是①规划和促进学术研究及相关活动；②监督落实在研究领域的发展计划；③推荐专家小组，以评估研究项目；④支持资助赞同研究项目；⑤提供内部审查或外部评估建议；⑥促进研究出版物和商标、专利申请；⑦进行年度预算以及相关行政决策。为协调与整合学校的研究项目，并于2009年成立了澳门大学科研与发展办公室，处理与科研相关的具体日常行政事务，尤其是支持与资助科研项目等服务方面。其二，自1993年以来澳门大学发表了多篇高质量的研究论文，屡获佳绩。具体情况见图3-1和图3-2。

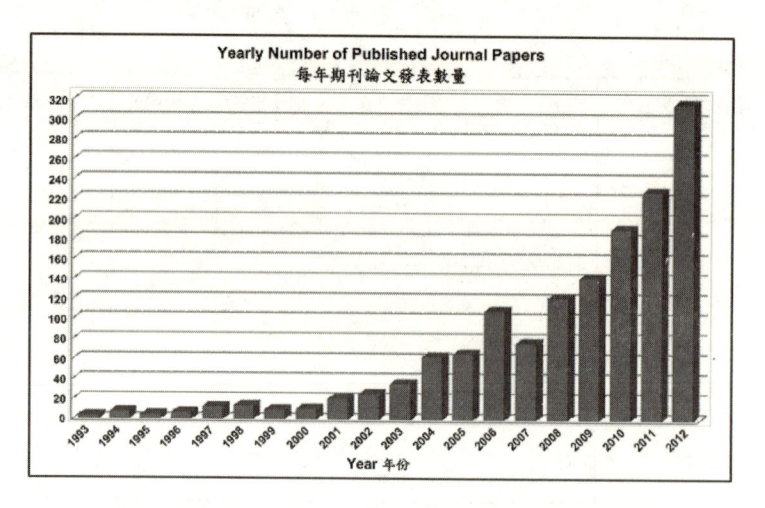

图 3-1　1993—2012 年澳门大学历年期刊论文发表数

数据来源：澳门大学网站（数据截至 2012 年 12 月 15 日）

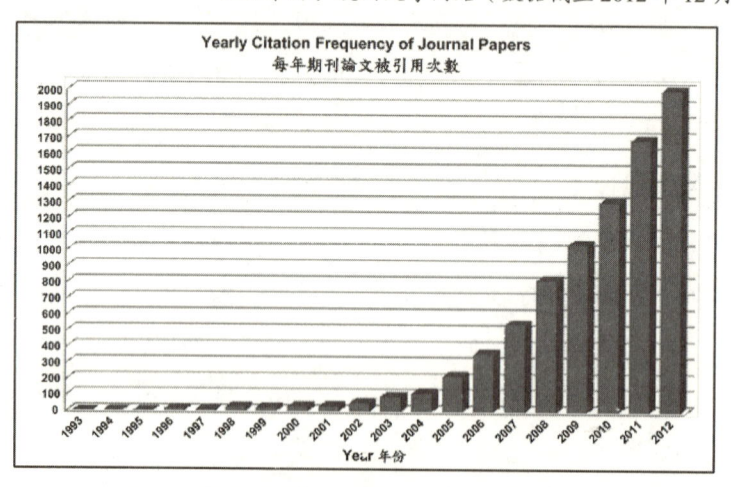

图 3-2　1993—2012 年澳门大学历年期刊论文引用次数

数据来源：澳门大学网站（数据截至 2012 年 12 月 15 日）

澳门科技大学高水平的学术研究。衡量大学的品质的一个重要指标就是拥有高水平的学术研究力量。澳门科技大学推行教研并重政策，以教研为本，追求卓越，使学术发展不断踏上新台阶。其学术研究方针是："学术研究要为澳门经济发展、社会进步做大事、做实事。"澳门科技大学下设七个科研实验室：中药质量研究国家重点实验室（澳门科技大学）、计算机图形学与图像处理实验室、月球与行星探测科学应用研究联合实验室、激光遥感联合实验室、智能家居实验室、IPv6 实验室、金木工实验室。①另外，澳门科技大学形成了一系列有特色、成果显著的 15 个重点研究方向。比如：全球化和东西方文化交流的历史地位、独特作用与现实意义研究；澳门文化产业发展战略研究；战略传播与澳门外部形象品牌化研究等。②

在特区政府、澳门基金会和澳门科学技术发展基金的大力支持下，澳门科技大学的中药质量研究国家重点实验室（澳门科技大学）正式启动，在努力推动中药现代化进程中起了重要的作用。澳门在中西文化交流中的历史地位、嫦娥卫星月球数据分析处理，以及有关博彩旅游管理学等重大课题的研究中获得高水平的学术成果，同时结合澳门政府及企业的需求，高校多次参与了关于社会民生的调查工作、电子政务的研究工作、企业的顾问服务，贴近澳门社会现实开展实务研究。总之，澳门科技大学的学术研究水平正在快速提升。

（3）社会服务有效性。随着高校制度的创新，高校直接服务社会的理念和职能得以确立。高校社会服务主要体现在为社会提供高素质的人力资源，产生经济效应，传承文化，提升城市形象，扩大其国际与区域影响力等方面。

其一，提供人力资源。澳门高校的毕业生整体就业情况较为理想，教育、旅游、博彩、金融等行业是吸纳就业人才最多，是经济状况的持续旺盛及社会各界对澳门大学毕业生能力的认同的表征。澳门大学在 2008 年 10 月至 11 月以问卷调查的方式访问了该校 616 名毕业生，回应率为 62.7%。结果显示，毕业生中有 83%已就业，其中毕业生投身于教育界的最多，其次是旅游博彩业，银行金融业位于第三。

---

① 澳门科技大学研究概览[EB/OL]. http://www.must.edu.mo/cn/research/gl/dx.（2013-12-12）.
② 澳门科技大学研究概览[EB/OL]. http://www.must.edu.mo/cn/research/gl/dx.（2013-12-12）.

另外有 11%继续升学深造。薪酬方面，澳门大学毕业生平均月薪 11000 多元，较上年增加 7.2%。在表 3-2 中的数据显示，自 2000 以来，受高等教育的就业人数在就业人口、总劳动人口都呈现出逐步增长的趋势，反映了澳门高等教育为澳门社会发展提供的高素质的人力资源逐步增长的情况。

表 3-2 2000—2012 年劳动人口当中受高等教育人口百分比

年度	失业人口当中受高等教育所占比例	就业人口当中受高等教育所占的比例	受高等教育人口在总劳动人口当中的比例
2000	6.19%	12.61%	12.18%
2001	6.59%	12.34%	11.97%
2002	4.90%	13.56%	13.01%
2003	7.51%	15.56%	15.08%
2004	7.32%	15.52%	15.12%
2005	9.24%	15.66%	15.39%
2006	12.50%	16.88%	16.72%
2007	10.20%	19.25%	18.96%
2008	16.16%	20.94%	20.80%
2009	13.16%	23.21%	22.85%
2010	13.04%	22.71%	22.45%
2011	17.24%	24.24%	24.06%
2012	24.64%	27.01%	26.96%

数据来源：澳门统计暨普查局历年就业调查数据

其二，产生经济效应。高等教育作为一个服务行业能对经济产生直接增长与间接辐射效应。具体而言，直接效应表现在：通过测算，澳门高等教育每 1 万名外地生能带动澳门本地生产总值增加 23.5 亿元，就业岗位增加 8342 个，空置居住单位减少 2000 个。至澳门回归二十周年之际，高等教育外地生的规模约达到 4 万人，将带动 GDP 增加 96.9 亿澳门币，就业增加 3.44 万个。[①]间接效应表现在：首先，诱导新产业，培育新的经济增长点。高等教

---

① 陈广汉. 澳门高等教育发展策略研究报告[R]. 中山大学珠三角研究中心，2009：62.

育本身作为一种服务输出的新兴产业，可以成为澳门经济发展的新的增长点，同时对文化产业发展乃至其他实体经济发展具有重要的促进作用。其次，推动产业升级与转型，促进经济可持续发展。（1）澳门废置厂房改造成高校校园，实质属于淘汰的制造业转型；（2）澳门具备天然海港，并拥有中国大陆与葡萄牙国家联系的历史渊源，但其现代物流与商贸行业却发展缓慢。此外澳门拥有丰富的历史文化遗产，但其旅游业却仅依赖博彩业。其根本原因在于相关人才缺乏。发展高等教育则可推动其产业转型与升级，促进澳门产业多元化发展。

其三，提升城市形象。城市形象是公众对城市的印象与评价。城市形象的好坏关系到城市的知名度与美誉度，并关系到城市的综合发展。澳门给公众的第一印象——赌城。澳门积极正面、特色鲜明的城市文化与风格却被人们所淡忘，导致城市的美誉度不高。"东方赌城"形象虽然对澳门的博彩业发展具有促进作用，对经济增长也具有推动作用，但是城市的可持续发展却面临挑战。高等教育对于历史传统文化具有传承、传播功能。澳门高等教育的发展对于传承其悠久的历史文化、塑造澳门历史名城的城市品牌，提升澳门的国际性都市文化形象具有积极的推动作用。

第二节　资源依赖：组织资源的外部控制

一、组织间的资源依赖

资源依赖理论于 20 世纪 40 年代开始萌芽，70 年代以后被广泛应用于管理学领域。资源依赖理论与新制度主义理论并列为组织研究中的两大重要理论流派。普费弗（Jeffrey Pfeffer）与萨兰奇克（Gerald Salancik）1978 年合著的《组织的外部控制》是对组织间的关系和依赖理论进行综合性解读的开山之作。他们认为组织从根本上具有开放系统的特性，任何组织都不可能拥有其生存和发展所需要的全部资源。只有通过与外部环境进行合作并获得所需的重要资源，这是组织生存的基础。其次，组织之间的资源依赖产生了相互控制和影响的复杂组织间关系，并最终影响了组织内部的权力格局；从某种意义上说，由于维持组织正常运行具有对多种不同资源的需求关系，因此，几乎所有组织在某种程度上都依赖于外部环境资源供给[①]。

由此可以看出，组织通过外部环境获取生存和发展资源的性质和需求，决定了组织对外部环境的依赖性，外部环境或其他组织中所具有的资源往往会对组织提出一定的要求，进而导致了外部环境或其他组织对组织的外部控制[②]。普费弗和萨兰奇克认为，组织对外部环境要素的依赖程度由三个主要的因素决定：（1）维持组织运营和生存的资源；（2）群体控制资源分配和使用资源的比例与程度；（3）资源的可替代的程度。[③]组织生存的关键是获取和维持关键资源的能力，若组织急需非常稀缺且没有可替代性资源，那么这个组织将会高度依赖掌握这种资源的其他组织。[④]

普菲（Pfeefer）以及诺瓦克（Nowak）认为由于资源的不确定性和稀缺性是不同企业之间产生资源需求关系的根源，而且资源依赖程度与资源的可获得性以及资源之间的互补程度相关[⑤]。关于资源依赖的类型，托普森（Thompson JD）认为合作组织的资源的稀缺性导致了外生型依赖，但是合作组织之间天然的内在的关系又形成内生型依赖[⑥]，因此组织间的资源依赖可以分为外生型和内生型两种。

组织与环境或与其他组织之间的相互依赖关系，使得组织不得不采取各

---

① [美]杰弗里·菲佛，杰勒尔德·R·萨兰基克. 组织的外部控制——对组织资源依赖的分析[M]. 北京：东方出版社，2006：48.
② 马迎贤. 组织间关系：资源依赖视角的研究综述[J]. 管理评论，2005（2）：55—62.
③ [美]杰弗里·菲佛，杰勒尔德·R·萨兰基克. 组织的外部控制——对组织资源依赖的分析[M]. 北京：东方出版社，2006：2.
④ 马迎贤. 资源依赖理论的发展和贡献评析[J]. 社会学研究，2005（1）：117—118.
⑤ Pfeefer J, Nowak P. Joint ventures and inter organizational inter dependence[J]. Administrative Science Quarterly, 1976(21): 398—418.
⑥ Thompson JD. Organizations in Action: Social Science Base of Administrative Theory[M]. NewYork：McGraw-Hill, 1967: 78.

种措施与途径来选择、适应环境并依此改变自身的行为，对于组织扩展来说具有重要的意义。一方面组织与外部资源之间的依赖关系是非均衡的、不对称的依赖关系。因对资源的需求，组织通过修正、操纵或控制其他组织来维持其自身的独立性，并与其他组织建立联系。另一方面，组织通过不断控制和改变环境因素，如参与法律、政治性活动和改变合法性的定义等，不断加强机构内部权力控制，降低对外部环境的依赖程度，维持机构自制制度行为。在这个意义上，资源依赖理论认为组织规模与组织的稳定性之间存在正相关关系。[①]因为组织规模的增长能够提升组织生存能力，也会为组织提供持续的竞争力，如市场空间的占领，等等。具体而言，为了生存和扩展，组织从外部组织与环境中获取的资源有以下三种：（1）组织生存所必需的物质、资金及人力资源等原材料；（2）信息；（3）组织的外部合法性。这三方面的资源被视为联系组织和外部环境的核心纽带。

二、澳门高校资源需求分类

由于高等教育的社会公益性，高等教育是一项公共事业，其产出主要是社会效益，也是一种延后的效益。在现代社会里，使每一位合格公民接受平等的高等教育是社会的责任，也是高校的义务。由于高等教育自身的公益性、社会效益性，高等教育需要的资源主要由社会、高校、产业界和受教育者个人来承担。兴办高等教育需要大量的经费，正如布鲁贝克（John Brubacher）所言，即使最富裕的国家也不可能提供普及高等教育所需的经费[②]。弗吉尼亚科技大学的校长查尔斯·斯特格（Charles steger）毫无讳言地指出："我们不可避免地要与全美甚至全世界的一流高校产生竞争，追求这样的竞争与卓越等都需要资本，天上是不可能掉馅饼的"[③]。克拉克·克尔（Clark Kerr）

[①] [美]杰弗里·菲佛，杰勒尔德·R·萨兰基克. 组织的外部控制——对组织资源依赖的分析[M]. 北京：东方出版社，2006：157.

[②] [美]约翰·布鲁贝克. 高等教育哲学[M]. 杭州：浙江教育出版社，2001：69.

[③] Shear, M.D. Colleges Seek More Independence[M]. woshington：woshingion post, 2004: 13

同样认为高校在追求发展、转移学术重点以及参与社会生活等众多活动中都需要资金,更进一步而言,拥有最大数目资金的高校将会在十年甚至二十年的未来具有优势地位。①

投入到高等教育领域内的一切人力、物力、财力资源的总和即为高等教育资源。高等教育资源也被称为高等教育投入、高等教育投资等。②高等教育资源可以分为物质资源、财力资源、信息资源、人才资源和文化资源等五种。③

1. 物质资源

澳门高校在财力资源的物化,具体如土地使用、建筑物、图书资料、仪器设备等物质资料的总和。物质资源的丰富程度以及使用方式都极大地影响与制约着澳门高等教育系统的扩展。

2. 财力资源

澳门人才资源与物力资源消耗形式的货币体现,既是澳门高等教育投入的具体体现,也是澳门高等教育系统运行的根本性保障。财力资源的来源渠道与比例构成以及其总量和利用效率都是澳门高等教育系统的生存与扩展的关键。

3. 信息资源

通常以声音、语言、文本、图像、动画等为载体所表示的实质内容④。让信息资源全方位渗透与传播,对高等教育运用各种资源并进行相应的战略决策具有重要意义。当然,只有对高等教育扩展有价值的信息才能作为信息,在现代性的信息社会,掌握有价值的信息资源决定着高等教育扩展的成败。

---

① [美]克拉克·克尔. 大学的功用[M]. 陈学飞,等,译. 南昌:江西教育出版社,1993:36—39.
② 靳希斌. 教育经济学[M]. 北京:人民教育出版社,2001:175.
③ 赵书山. 高等教育资源配置生态失衡分析[J]. 黑龙江高教研究,2012(9):33—36.
④ 赵书山. 高等教育资源配置生态失衡分析[J]. 黑龙江高教研究,2012(9):33—36.

4. 人才资源

高校人才资源是指在高校具有较强的行政管理、学术研究、创新创造或其他专业能力的人的总称。人才资源是高等教育资源最重要的资源，包括教育管理者、教师、学生等。人才资源是人力资源的核心，是构成高等教育系统的主体，人才资源的总量及其能动作用影响着高等教育整体效用的发挥。

5. 文化资源

与澳门高等教育发展相关的各种无形文化资源，包括没有物质载体的各种无形的文化现象与历史事实，或以物质载体体现与反映的各种文化精神，如澳门社会拥有众多社团组织、语言特征、建筑风格、思想观念与文化心理特征等。文化资源不仅影响着高等教育系统扩展的方向，而且是影响高等教育系统的最高层次的资源，它潜移默化地影响着高等教育系统的扩展形态与底蕴。由于高等教育继承与传播文化的特性，高等教育系统的扩展过程，也是澳门文化资源沉淀、形成与反思的过程。

三、澳门高校办学经费的获取

关键性的资源不仅是澳门高等教育生存的基础性条件，也是澳门高等教育扩展的决定性条件。其中办学经费就属于澳门高等教育财力资源的关键性资源。办学经费是指高校为了保证教学、科研、管理、服务等正常运转费用，这些费用属于公用性质的，不包括各种人员经费和各类能源的费用。办学经费属于高等教育财力资源的一种。

（一）公立与私立院校办学经费的获取方式

澳门的公立高校共有四所，包括澳门大学、澳门理工学院、旅游学院及澳门保安部队高等学校。其中澳门大学和澳门理工学院的七成以上经费来自特区政府，其他的收入主要是学生所缴学费，以及服务性收入和捐赠等。而旅游学院除了特区政府的经费拨款外，从2001—2008年，旅游基金每年定额将3800万澳门币拨给旅游学院作为经费之用，特区政府经费拨款加上旅游基金拨款占学院总经费投入的近65%以上（见表3-3旅游学院办学经费的构成比例）。总括而言，上述三所高校主要依靠特区政府的经费拨款作为主要的收入来源。三所公立高校每年均须编列独立的年度预算，经过社会文化司审批，然后汇总至经济财政司辖下的财政局，整合其他政府部门和特区政府的总年度预算送交立法会审批。与三所公立高校不同的澳门保安部队高等学校，不编列独立的预算，其预算归入保安司辖下的保安事务局的年度预算内，按常规的年度预算流程拨款。

表 3-3　旅游学院办学经费的构成比例

	2008	2009	2010	2011
旅游基金	33.29%	25.80%	20.50%	17.60%
政府拨款	27.49%	33.30%	45.60%	45.50%
学费	20.72%	20.20%	19.60%	19.30%
服务及其他活动	10.83%	8.10%	6.50%	7.40%
上年度结余	7.21%	12.30%	7.50%	9.70%
其他	0.46%	0.30%	0.30%	0.50%
总数	100%	100%	100.00%	100%

数据来源：旅游学院历年年度报告

澳门六所私立高校取得办学经费的方式与公立高校相比存在差异。镜湖慈善会辖下的镜湖护理学院是一所私立高校，主要培育澳门的护理专业人才。由于澳门社会对于护理人员求才若渴，加上相关专业的人才资源紧缺，因此特区政府在政策上给予澳门镜湖护理学院财政上大力的支援。澳门镜湖护理学院在近年特区政府给予的经费资助，占整个学院经费的六到七成，这与公立高校的经费结构相同。此外，镜湖护理学院还可从澳门基金会及澳门科技发展基金会争取研究经费。

澳门科技大学及澳门城市大学在取得办学经费上的方式类同，作为私立高校，两所高校主要通过特区政府给予澳门学生的学费差额补贴而获得经费[①]。澳门科技大学近年均从社会文化司编列预算，作为其澳门生学费的差

---

① 阎光才. 澳门高等教育经费政府拨款机制研究[R]. 澳门：澳门高等教育辅助办公室，2013：26.

额补贴，基本以澳门学生人数作为标准，但毕竟每年的澳门生总量均有出入，澳门科技大学反映社会文化司只一次性拨出四千万作为相关经费，不能理解为公式拨款方式。而由于澳门城市大学在 2011 年正式升格，所以没有沿用澳门科技大学的经费取得方式，但在社会文化司的协调下，澳门城市大学通过澳门基金会获得一定数额的资助，基本与澳门科技大学的澳门生学费差额补贴性质相同，从 2013 年年度开始，澳门城市大学能够同澳门科技大学一样通过社会文化司获得一定额度的澳门生学费差额补贴。

就澳门科技大学而言，澳门基金会也给予了一定额度的经费资助。根据 2002—2011 年澳门基金会资助的资料显示，十年期间，澳门科技大学从澳门基金会取得的经费超过七亿，其中 2009 年获 1.1 亿多、2010 年获 7500 多万、2011 年获 2.3 亿多，主要用于校舍等硬件建设、研究计划及一些活动经费。与其他私立高校比较，澳门科技大学能够从澳门基金会获得较多的经费资助。澳门科技大学及澳门城市大学可从澳门基金会及澳门科技发展基金争取研究经费。

圣若瑟大学虽然没有获得特区政府给予的澳门生学费差额补贴，但是能够通过向澳门基金会及澳门科技发展基金会获得一些研究项目的资助，如师生个人可以争取学术会议经费和奖助贷学金及活动经费。学校总经费的九成来自学费收入。而澳门管理学院及中西创新学院也没有从特区政府获得经常性的拨款，同样师生个人可以争取科研经费和奖助贷学金及活动经费，但数额较少。总而言之，虽然公立和私立高校在办学经费的获取方式上存在差异，就总体情况而言，澳门各高校仍然主要依赖于政府津贴以及学费收入。

（二）办学经费获取存在的问题

首先，澳门高等教育在办学经费获取途径与欧美国家以及香港等地区的多元化途径相比，澳门高校稍显狭窄单一。据 1999 至 2009 年澳门统计暨普查局的《教育调查》资料显示，澳门高等教育机构的收入主要来自"政府津贴"和"学费收入"两项，1999/2000 至 2009/2010 这 10 个学年中，"政府津贴"和"学费收入"总和占到了这7所澳门高校"总收入"的87.57%。而其他收入渠道,比如"经营小食部/食堂之收入""财务运用之收益""设施设备租金之收益""其他津贴及捐助"并没有发挥多大作用,所占比重甚小。虽然现在澳门产业组织、民间社团经济实力在不断增强,高等教育的社会募集条件已日趋成熟,但澳门社会的产业组织和民间团体对高等教育的支持力度还不尽如人意,来源于其他捐助的收入不足1%。

其次,四所公立高校至今都沿用年度预算制度与特区政府关于公共财政制度相关规定存在一定的冲突。[①]例如年度预算制以财政年度预算,而公立高校则以学年进行预算;由于年度预算制不利于公立高校进行长远的发展规划,而且公共会计制度中"现金流"(Cash Flow)[②]的方式并不利于公立高校滚存经费,阻碍了公立高校可持续发展;公立高校的经费审批权十分有限,按照局级的权限,只有50万澳门币的采购额度,否则必须上报监督实体甚至行政长官批准,行政手续时间长,不利于高校采购的时效性,影响教学科研的顺利开展。

以澳门大学为例,在2006年立法会通过修订了《澳门高校法律制度》及行政长官颁布了《澳门大学章程》,澳门高校突破了沿用已久的《澳门高等教育制度》法令,被赋予公法人地位,享有在学术、纪律、行政、财政、财产等方面的自主权。但是在财务上仍然受到公共财政制度、行政程序法典、采购法和公共会计法规等的局限,未能更好地进行大学的长远财务规划。根据法律的规定,澳门大学必须组成校董会,因此其年度预算除了按照公立高校的预算编列程序外,在送呈监督实体之前,必须先获得校董会的同意,这无疑又增加了行政程序和延长了编列预算的时间。澳门大学、澳门理工学院及旅游学院都能从澳门基金会及澳门科技发展基金争取研究经费。就澳门公立高校而言,财政制度对校务发展形成较大的局限。在特

---

① 阎光才. 澳门高等教育经费政府拨款机制研究[R]. 澳门:澳门高等教育辅助办公室,2013:25.
② 现金流为财务学和会计学用语,是指某一特定时间以内,特定的经济单位在经济活动中为了达到特定的目的而发生的资金流入和资金流出。

区政府的财政预算体制中公立高校属于第三类自治机构,必须遵守澳门公共财政制度。

总括而言,现行适用于政府行政机关的公共财政制度等并不利于澳门高等教育的进一步发展,不利于高校同产业组织开展产学研合作、募捐经费和推广教育等项目,提高自筹经费的能力,等等。澳门高校缺乏院校内外完善的审计制度。澳门现行的高教体制内,无论公立或私立高校均没有建立合理完善的财政内、外审计的制度。

尽管澳门公立高校与私立高校获取办学经费的方式有其不同之处。公立高校完全依赖于政府资助,私立高校根据情况差异,要么依赖政府资助、要么依赖学费收入,融资渠道单一。威斯康星大学因为服务社会,走出象牙塔,而步入世界一流高校的行列;斯坦福大学因为走出传统大学固有的边界,创设了工业园区,形成了积极的集聚优势,也根本上发展和壮大了高校本身。在知识经济时代,可以肯定的是固守于象牙塔之中,高校不可能获得自身发展所需要的资源。为了获得高校扩展所必需的人力资源(包括优秀的管理者、教师和学生)、物力资源、财力资源、信息资源和文化资源等,高校必须超越象牙塔,通过知识的溢出与转化、拓展服务社会等方式来获得自身发展需要的资源,这可以说是高校与城市互动的最主要动机。

第三节 追寻理性:外部利益相关者的参与与组织学习

任何组织不可能拥有绝对理性,都只能拥有一种相对的理性。由组织社会学的角度观之,这是一种有限理性(bounded rationality)的体现。人的信息加工的能力是有限的,他无法按照充分理性的模式去行动也没有能力同时考虑所面临的所有选择,不会在决策中实现效率的最大化。人自身的有限理性决定了组织的有限理性,组织中的关键决策者和员工总是试图按照理性的理念去行动,但是由于理性本身是有限的,虽然只能在有限理性的范围内去决策和行动，但是人们总是希望在关系共治的网络中去吸纳其他个体的思想与观念作为参照。①

一、高校组织的有限理性

普赖斯曾经绘制了从中世纪以来至2000年大学数量增长曲线图。②他以中世纪、文艺复兴和工业革命为三个关键的时间节点，每一时期大学数量的增长都以100或66的倍增周期增长。周大椿认为在每个时期，大学数量的发展都有其作为基准和极限的"地板"和"天花板"，即每个时期大学数量增长都有其指数型增长的逻辑曲线，表现为某一段时间在增长极限内振荡性的自我控制③。金观涛进一步解释为不同时期代表了不同的社会结构，不同的社会结构对大学的数量增长具有限制作用。④他引入了组织内稳态的概念解释组织的成长与演化，认为一定时期组织的内稳态是保持组织功能发挥的重要条件，但是随着组织生长和演化以及外界环境的变化，组织的内稳态会成为阻碍组织变革的因素。

已有的研究表明，高校组织虽然与企业或其他组织相比生长周期长，似乎具有更强的生命力⑤，这说明高校组织存在的价值与意义明显，但这并不代表高校组织没有局限性。以研究组织的结构、功能、组织运行及其运转规律为己任的组织社会学长期关注的领域之一就是对组织局限性及对"韦伯式科层组织"的批判。毫无疑问，高校正是基于韦伯式的结构组织起来的。

组织一旦产生，就存在其内在的生命张力，总是不断地通过整合内外资源、提高教学质量和水平、提升社会声誉来维持其存在和发展。也正因为此组织逃脱不了内在局限性。对于高校来说，一方面高校对历史传统表现出很

---

① 周雪光. 组织社会学十讲[M]. 北京：社会科学文献出版社，2003：161.
② [美]D·普赖斯. 小科学，大科学[M]. 宋剑耕，戴振飞，译. 北京：世界科学社，1982：23.
③ 刘大椿. 科学增长的计量研究——兼评计量方法分析[J]. 自然辩证法通讯. 1985（6）：33—44.
④ 金观涛. 整体的哲学——组织的起源、生长和演化[M]. 成都：四川人民出版社. 1987：187-188.
⑤ 周雪光. 组织社会学十讲[M]. 北京：社会科学文献出版社，2003：316.

强的依赖性,已有的期望和评判会成为高校组织内部牢固的结构要素,从而制约高校获取新信息和新观念的能力,造成惰性和路径依赖;另一方面,避免创新、保持稳定成为高校的内在机制,信息渠道一经建立必然走向结构化,形成既定的利益分配格局,这就使得高校意欲创新和变革要付出很大代价。一旦环境发生变化,高校出现危机,稳定性就受到冲击,而组织格局就会极力阻挠变革,呈现高校内在的生存逻辑,亦折射出高校组织的局限性。

人的有限理性是组织有限理性的根本体现。学校组织始终是由作为主体的人组成的,人的有限理性也是组织有限理性的根本体现。有限理性的心理学基础强调:人的心理设施对信息加工的能力是有限的[1]。这个问题无须进一步的举例和论证。组织中校长、教师和学生没有谁具有绝对理性,即便是最权威的观点也不能成为组织运行的最优参照;还可以进一步解释为:学校的组织结构始终是由人设计的,那么人的能力是有限的以及人对组织的期望和价值定位都是有限的,虽然通过学校的资源配置和结构重整可以缓解困境,但高校本身的局限性如上所说是难以避免的[2]。个体利益、集体利益、高校目标和资源条件的限制等都会影响组织决策。

组织理性是组织在生存和发展进程中的关键性因素[3],高校为了避免有限理性所带来的组织危机,克服组织决策上的局限性,必然会积极与外界组织发生互动,包括听取外部利益相关者的意见与建议,借鉴与参考其他组织先进的管理方式。

二、澳门高校中外部利益相关者参与

组织是各种兴趣集团的联合体,不同的参与者确实常常产生相互矛盾的偏好和目标。更关键的是,组织活动中的符合大部分参与者利益的集团对活

---

[1] 方芳. 从理性和有限理性的角度看决策理论及其发展[J]. 经济问题探索,2005(8):64.
[2] 龚波. 学校组织的有限理性及对学校决策的实践反思[J]. 中国教育学刊,2006(2):21—23.
[3] 赵孟营. 论组织理性[J]. 社会学研究,2002(4):77—86.

动具有决定权，组织效力和组织绩效也只能由他们根据利益满足的状况来衡量[①]。我们偏好视组织是一个集合各种利益的盟，会改变目的和疆界来容纳新的利益；也会删除原来部分的任务来回避特定的利益；甚至在必要时，会积极投入不符组织宣称目的的活动。张楚廷指出学术研究以前的逻辑是：学者的学术→社会的关注与支持→国家受益；而现在的逻辑却是：社会欲受益→政府或社会给予支持或资助→学者们致力于学术。[②]即从传统的学者所主导的研究转向为更宽阔的社会或经济目标。在"研究资助追逐学者"到"学者主动追逐研究资金"的相应的转变中，学者们必然需要面对来自政府，或来自企业等等相关组织的研究项目的吸引，而需要对这些外部组织负责。高校作为非营利性组织的一种，没有严格意义上的股东，也没有人能够获得高校的剩余价值，这是与企业最大的不同之处。因此，没有任何一个人或一类人能对高校行使独立的控制权。高校由利益相关者共同控制，是一种典型的利益相关者组织。

（一）利益相关者理论

20世纪60年代，利益相关者（stakeholder）源于股东（shareholder）的概念，表示与企业组织运行有密切关系的群体。最为经典的解释来自经济学家弗里曼（R.Edward Freeman）的从广泛意义上的界定，指那些会影响企业最终目标的达成，或者能够被企业在达成目标的过程中影响到的任何个人和群体。[③]其核心观点为企业发展的目标应该要满足不同利益相关的具体需求，关注企业本身所造成的社会经济以及政治影响，企业组织决策应该由不同的利益相关者来共同决定，避免组织的有限理性的缺陷。在多中心治理的观点中平等对待和保护各自的权益，并以此达到长期合作共赢的状态。

[①] [美]杰弗里·菲佛；杰勒尔德·R·萨兰基克. 组织的外部控制——对组织资源依赖的分析[M]. 北京：东方出版社，2006：286.

[②] 张楚廷. 高等教育哲学通论[M]. 北京：高等教育出版社，2010：97.

[③] R. Edward Freeman.Strategic Management: A Stakeholder Appproach, Pitman, 1984: 25.

与企业研究领域一样，高校也强调与社会各界保持良好的合作伙伴关系，在获取社会各界支持的基础上，达到高校内部与外部的均衡。组织学家西蒙曾认为在群体决策过程中，如果该项决策与被支配群体的价值一致，那么这项决策就是客观理性的[①]。借鉴前面关于企业利益相关者的解释，高校利益相关者根据利益相关者与高校的密切程度的差异[②]，可以分为内部利益相关者和外部利益相关者。教师、学生、管理人员等是高校内部核心利益相关者；而校友和财政拨款者是高校外部重要利益相关者；与学校有契约关系的当事人，如科学研究经费提供者、产学研究合作者、贷款提供者是高校外部间接利益相关者；当地社区和社会公众是高校外部边缘利益相关者。

（二）外部利益相关者介入澳门高校治理的原因

利益相关者理论强调的是利益相关者在组织决策与日常管理中的权重或比例，组织不能不根据利益相关者的意愿和能力实现治理主体的多元化与广泛参与。澳门的高校从成立之初不仅是澳葡政府的附属机构，还是社团或者私人控制的领地，外部利益相关者都有参与高校决策与管理的权利。

首先，澳门高等教育所承载的社会期望与责任，必然导致利益相关者的参与。不同的利益相关者群体之间由于目标不同，可能对高校有相互冲突的需求，如政府要求高校能满足政府的政治需求；产业界则要求高校能够产出更多商业价值的科研成果；家长希望高校招生的学费更低、招生入选资格更低；而一般公众则要求高校承担更多的社会责任、促进澳门城市的整体发展等。

其次，澳门高等教育大众化进程的推进是利益相关者参与的主要原因。按照马丁特罗的高等教育大众化理论，澳门从回归开始，其高等教育毛入学率就达到了20%，进入了大众化阶段，2009年起高等教育毛入学率已达到了50%，高等教育进入普及化阶段。在大众化阶段，高等教育的功能主要在于传授技术和培养能力，但是培养的重点在于技术人才的塑造，高校与社会之

---

① [美]西蒙. 管理行为[M]. 北京：北京经济学院出版社，1988：233—234.
② John R. Boatright. Contractors as Stakeholders: Reconciling Stakeholder Theory with the exusofcontracts Film[J]. Journal of Banking and Finance, 2002(26): 1852.

间的界限淡薄，开放性程度比较高，因此在高校决策过程中会受到相关利益集团的影响；普及化阶段高等教育主要培养人的社会适应能力，造就现代社会的公民，高校与社会之间开放性程度更高，甚至达到了一体化状态，社会公众和各种利益集团更多地介入到高校组织的管理与决策。

（三）高校的组织结构及其外部利益相关者分析

1992 年第 48/92/M 号法令的澳门理工学院章程规定：澳门理工学院的机关有：院长、理事会、技术暨学术委员会、咨询委员会。澳门理工学院设有以下部门：总行政及财务部、学术事务部、福利及康乐部、公共关系组。总行政及财务部负责人事、财产、事务管理、出纳、财务管理及办公室方面的工作；学术事务部负责协助学术活动及储存文件；福利及康乐部负责澳门理工学院学生及学院的福利及康乐工作；公共关系组负责学院的信息、宣传及推广方面的工作。澳门理工学院下设语言暨翻译高等学校、管理科学高等学校、公共行政高等学校、体育暨运动高等学校、艺术高等学校和高等卫生学校等 6 所学校。各学校开设的课程均以实用为导向，以应用学科和行业技术为教学内容，教授知识与培养技能并举，迄今已培养了数以万计的专业人才。澳门理工学院各机关与学校在行使职能、达到社会目标与期望时，外部利益相关者作为监督学院的一分子广泛地参与高校内部的决策与日常管理（见表3-4）。

表3-4 澳门理工学院部分职能部门及其服务的外部利益相关者

序号	机关部门	职能描述	主要服务的外部利益相关者
1	咨询委员会	建立学院与社会联系为宗旨，使学院有效适应本地区的现实	重要利益相关者、间接利益相关者、边缘利益相关者
2	理事会	确保学院的行政、财政和财产管理、接受捐赠、处理所有未确权的与学院运作相关事物等	重要利益相关者、间接利益相关者、边缘利益相关者
3	技术暨学术委员会	按照本澳政策，建议学院在教育、研究、文化推广及社会服务方面的工作方针	重要利益相关者、间接利益相关者、边缘利益相关者
4	总行政部	学院人事管理、安排咨询、采购设备及资产	重要利益相关者、间接利益相关者、边缘利益相关者

续表

序号	机关部门	职能描述	主要服务的外部利益相关者
5	会计及出纳部	监控和管理学院资源、提供准确的高标准的财政信息	重要利益相关者
6	学术事务部	负责与学生学术事物相关的活动,下设招生暨注册处、学生事务处	重要利益相关者、间接利益相关者、边缘利益相关者
7	公共关系办公室	宣传推广,负责保持学院与社会各界的联系与沟通	重要利益相关者、边缘利益相关者
8	各学校	综合承担教学及研究任务	重要利益相关者、间接利益相关者、边缘利益相关者
9	长者书院、各研究中心、培训中心	负责专题的研究及培训主题	边缘利益相关者

资料来源:澳门理工学院主页

高校与外部利益相关者的共同参与组成了城市共治的网络,在城市共治网络中高校能够发挥的重要的作用有三:首先,高校与政府、社团、经济产业等组织具有多重的联系,可以通过自己的网络扩大共治联盟;其次高校与政府或产业组织相比,具有更高的合法效用,具有更多的行动自由;最后高校能够在政府与其他产业组织中充当重要的中间人的沟通角色[①]。在利益相关者的理论指导下,高校开展的部分管理工作都需要从满足外部利益相关者需求的角度进行评价。总结来说,澳门高校外部利益相关者的利益要求有以下几个特点:(1)因为不同利益相关者群体与高校之间互动关系的紧密程度、相互影响程度不同,对于高校的期望及要求会有差异;(2)随着时代变迁,高校外部信息、环境等因素变化,利益相关者的构成及利益要求也会发生相应的变化;(3)利益相关者的需求有合法或不合法、合理与不合理之分。合法是指从利益相关者需求角度来说是合理的,而高校也应该满足这种需求;不合法是指明显超出高校所能承载的范围。

---

① Win Weiwel, Frank Gaffikin. 城市空间重构:大学在城市共治中的作用[J].王钰,译. 国外城市规划,2002(3): 10—13.

三、组织学习与澳门高校

(一)组织学习及其之于高校的意义

阿吉里斯(Chris Argyris)与舍恩(Donald Schön)[①]认为组织学习就是组织成员在运作过程中,发现和纠正组织理论或其他方面的错误以及组织内部和外部环境的变化,并且把探究结果嵌入到个人图景以及共同的组织图景中。具体来说,组织学习就是组织社会化的过程,是在经验的基础上重新认知及检讨的过程,是一种获得知识并修正组织常规的过程。组织学习对于组织而言具有多重的价值,其中最重要的价值就是可以用来学习新的概念、范式,提升组织自身解决问题的能力。因此,组织持续调整或改变原有的认知架构,采纳新的行为模式,增强组织应变能力和解决问题的学习过程就是组织学习的过程。

高校属于连接松散的组织,总是处在一种有组织的无政府状态。因为它目标模糊、权力多元、功能多样、决策分散。这种组织特性使得高校面临一种困境:作为相对封闭保守的高校对周遭环境变化反应较慢,但是面对当前高等教育内外需求以及时代变迁的要求下又不得不进行变革。因此,我们要避免高校组织是一种完全理性的、能进行完美战略决策的假设。[②]由组织理论的视角观之,高校的组织学习是一种可以管理的实践性的改进方式,其目的和意义在于去检测高校之于社会的有效性,其次是比较高校想要达到什么样的目标和目前能够达到的目标[③]。有学者指出要使高等教育改革获得真正的成功,就应当提高大学组织学习能力、提升组织效率,以获得长远的竞争

---

① Chris Argyris, Donald Schön. Organizational Learning: A theory of action perspective[M]. Boston: Addison Wesley Publishing Company, 1978: 29.
② [英]戴维·沃森,伊丽莎白·麦迪森. 高等院校自我学习管理[M]. 吕林海,译. 南京:江苏教育出版社,2010:21.
③ [英]戴维·沃森,伊丽莎白·麦迪森. 高等院校自我学习管理[M]. 吕林海,译. 南京:江苏教育出版社,2010:32—33.

优势[1]。

（二）澳门高校的反思性实践

从 2003 年开始，澳门各大高校简化并优化行政程序及服务进行得如火如荼，澳门大学行政管理部门在 2003 年 6 月取得了 ISO9001（2000 版）优质管理系统认证证书，还推行深化服务承诺的"持续改善"计划，已达到最优的服务标准。理工学院的储备供应暨财产处、人事处两个行政部门在 2003 年上半年通过 ISO9001：2000 质量认证并获得国际标准化组织认证，实施了行政工作文件管理系统。旅游学院推出了完善处理建议、投诉及异议机制的服务承诺计划等等。[2]在内地高校对于导入 ISO9000 族标准应用于高等教育领域存在争议，显示出高校组织习惯性防卫的时刻，澳门高校却义无反顾、创造性地打破惯例，根据澳门地区经济发展以及国际化形势的需要，进行战略性的组织学习实现高等教育行政管理效率的目标。

高校固然不同于企业，但在质量管理或者追求效率方面，企业无疑是高校值得学习的对象。阿尔珀特（H.Petrie）和皮特（D.Alpert）于 1983 年最早运用阿吉里斯组织学习理论中的单环和双环学习理论研究美国高等教育如何在经济紧缩背景下提高组织的效率。[3]在质量管理方面，高校与企业之间相互启蒙、反哺。[4]因此，很多学者感叹高校与企业或者产业组织的运作越来越像。尤其是当高校有了商学院之后，人们一提到商学院就联想到市场。商学院的使命被描述成为开展教育项目（或者公共关系活动）以满足顾客和资助商学院的富人的愿望。[5]因此就有学者论断，当高校结合进工厂世界，教授——至少是自然科学和一些社会科学——就具有企业家的特点。工业有了科学家与技术人员，就不自在地领教了一点学术自由以及与知识分子打交

---

[1] 苏义林. 组织学习与大学改革[J]. 清华大学研究，2012（3）：38—41.
[2] 韦惠惠，张光南. 澳门回归以来高等教育发展状况分析[J]. 当代教育论坛，2012（2）：18—22.
[3] H.Petrie, D.Alpert. What is the Problem of Retrenchment in Higher Education? [J].Journal of Management Studies, 1983(20): 97-119.
[4] 王建华. 从复制到分享：高等教育质量管理的方向[J]. 复旦教育论坛，2010（2）：67—72.
[5] [美]詹姆斯·马奇. 马奇论管理——真理、美、正义和学问[M]. 北京：东方出版社，2010：5.

道的方式,这两个世界正在从形体上和心理上趋于融合。①

对于政府与高校相互学习的过程来说,政府与企业组织设计具有差异,政府的管理者不需要以追求利润和上市为目标,似乎和高校一样要追求整体社会的安定与福利,另外政府和高校在科层制的组织结构来说具有天然的亲近性,而且政府必然要把教育甚至高等教育系统作为其重要考虑的一部分,并考虑如何让高等教育系统在城市居民的素质提升以及政治变革中发挥作用。克尔指出高校也从政府组织交往的过程中学到了很多经验。他们学会了如何让政府满足他们的要求,学会了如何抵制附加在研究资助上的专横条件,以及如何反抗政府的干涉。事实上,高校并不会总是无畏地使用这些技能,也不会只是用它们来追求普遍的利益。此时高校行政管理者与教师大多已经摒弃了那种认为政府是高校研究伙伴的浪漫想法,开始老练地评估高校与政府长达半个世纪的关系中存在的特殊倾向、危险及动力。②

高校合法性是高等教育与城市互动的前提,也是高等教育扩展的前提。关键性的资源不仅是澳门高等教育维持生存的基础性条件,也是澳门高等教育扩展的决定性条件。高校为了避免高校组织自身的有限理性,既注重吸纳外部利益相关者参与治理,同时也不断利用组织学习的手段以促进高等教育功能的发挥,这是高等教育扩展中必然要考虑的环节。阿吉里斯在《组织学习》中表明了这样的观点:在组织学习过程中是个体行为作为组织的代表产生了组织学习的行为,组织本身并不会学习。③这决定了高校组织内部的一些关键性的人物在组织学习过程中具有重要的作用。而在高校与外部利益相关者进行沟通交流、协商谈判时并不是高校组织本身发挥了作用,同样是由一些关键性的人物代表高校与其他组织的代表性人物组成了互动网络。因此,高校与外部组织的互动不是在真空里进行的,总是需要一定的作用平台和相关主体的参与。

---

① [美]克拉克·克尔.大学之用[M].高铦,等,译.北京:北京大学出版社,2008:51—52.
② [美]罗伯特·M·罗森兹威格.大学与政治——美国研究型大学的政策、政治和校长领导[M].王晨,译.保定:河北大学出版社,2008:195.
③ [美]克瑞斯·阿吉里斯.组织学习[M].张莉,李萍译.北京:中国人民大学出版社,2004:88.

第四章　互动边界：澳门高等教育扩展的作用平台

尼克·马尔沙（Nick Marshal）认为组织不应该被看成是孤立的、封闭的，自给自足的实体，而应该恰当地被视为是与外界环境相互交流的开放系统，因此它们的边界必须持续不断地被输入和输出所打破。这种特性赋予了组织的种种限制以及与组织技术任务环境相关的偶然性。在肯定组织与外界能量交换的价值与意义上，组织的外部边界既可以看成是一种保护组织内部内稳态的容器壁，也可看成是处于交互地带可渗透的一层膜。[①]在借鉴组织学中关于组织外部边界的基础上，本章拟从高校与城市互动边界、互动边界中跨界者和组织等实践主体、边界互动中所受到的成文规则的约束以及澳门高校与城市互动的合作与冲突的表现等几个方面展开论述。

第一节　识读边界

一、组织边界的一般界说

边界（boundary），最为常见的含义为物理空间上的区隔。属于划分不同政权管制的区域、领地等范围的地理分界线，进而也可标示或指称该区域的范围。边界最常见的含义有三类：第一是指不同地区的分界线；第二是指不

---

① [美]罗恩·阿什克纳斯，迪夫·乌里奇，等. 无边界组织[M]. 姜文波，译. 北京：机械工业出版社，2005：153.

同事物的分界;第三是事物或地区的边缘、尽头和限度。边界最主要的含义是界定了事物或地区的差异,限定了某种事物的属性。[1]

房子有围墙,国家有疆界,作为社会机构的组织也有边界。随着组织研究的不断深入,以"边界"作为阐述与表达的方式也不断涌现,譬如组织边界、企业边界、系统边界、责任边界、权力边界,等等。组织边界的概念在很长一段时间内没有引起应有的关注和研究,以致在20世纪之前很多组织行为学家认为边界的存在就像莫比乌斯曲面一样是属于不可定向的空间连续。一个最基本的不可忽视的问题是:组织的边界究竟存于何处?普费弗(Pfeffer)和萨兰西克(Salancik)认为组织边界位于组织终止的地方与该组织在所处环境相接触或相区别的中间地带。[2]因此,边界也被形容为是一种交互作用地带或交互作用处。譬如斯科特(Scott W.Richard)曾经直言:要想知道组织中的边界是什么东西以及它们在什么地方是一件非常困难的事情,尽管这样,边界的确存在。[3]在最为原初的意义上,边界决定了一个特定社会系统的成员资格,因此边界可以是物理性的,如学校的围墙;或者是政治性的,如政党成员的资格;或者是社会性的,如某个社会阶层的生活方式。[4]据此看来,边界的含义具有多重的属性。

非正式群体、社区,组织和社会中的任何一个组织、系统或者整体,它们都有与其他系统的区分界限。确定组织边界是一项困难的任务,因为开放系统组织的概念使人们领悟到组织是受环境渗透的,而且不同的渗透方式或程度将会影响到组织的边界。再者,现在有越来越多的组织参与了更广泛的结构(如城市或国家乃至全球范围内);当代组织经常重新建立与其他"独立"的单位或组织的各种联系,甚至是它的"正规核心任务"都不在组织的

---

[1] 朱敬恩. 组织边界的确定过程[J]. 江淮论坛. 2006(3):22—28.

[2] Jeffrey Pfeffer, Gerald R. Salancik. The external control of organizations:A resource dependence perspective [M]. New York:Harper and Row, 1978: 30.

[3] [美]W·理查德·斯科特,杰拉尔德·F·戴维斯. 组织理论——理性、自然与开放系统的视角[M]. 高俊山,译. 北京:中国人民大学出版社,2002:78.

[4] [美]马克·汉森.教育管理与组织行为[M].冯大鸣,译.上海:上海人民出版社,2005:73.

正式边界内完成，而是由其联络中的其他组织提供的。最后组织的边界将随时代变迁或其他不稳定因素而发生改变。

虽然确定组织边界是一项非常艰难的任务，但斯科特从社会结构的可界离合分割的程度和社会关系网络中规范秩序以及文化认识等意义上来探索的集体或系统包括非正式群组、社区、组织以及整个社会都有使它们与其他系统相互区分的边界。还有劳曼确立组织边界的分析框架：首先是唯实论的路径，要求研究者站在"行动者自己确立边界时的立场"；其次是唯名论路径，要求研究者为"自己的分析目的构造分析框架"。行动者的特征、行动者之间的关系和行动者进行的活动构成了三类指标。[①]这些为后来刘广明所确定的大学边界论提供了众多的可供启发之处。

（一）组织边界的类型与特点

在有关边界的研究中，经济学领域对于企业边界的研究最为深入，威廉姆森的经济学著作《资本主义经济制度》中最早提出了边界概念，主要关涉组织的规模边界[②]。罗恩·阿什克纳斯（Ron Ashkenas）等认为企业的边界至少包含垂直边界、水平边界、外部边界、地理边界等四种。[③]这种边界的划分是按照组织固有存在的层级、内部壁垒、外部壁垒以及文化壁垒而相应提出来的。其中垂直边界是通过等级、层次、身份、地位把组织成员分隔开来的组织内部边界；水平边界是通过职能、业务单元、生产群体以及部门划分而分隔组织成员的内部边界；外部边界是企业组织同自己的供应商、客户社区以及其他外部支持者分隔的外部边界。地理边界也被称之为文化壁垒，具有以上三类边界的特点。还有学者根据交易费用理论、企业能力理论和组织认同理论认为组织边界可以划分为效率边界、能力边界和认同边界等

---

① [美] W·理查德·斯科特, 杰拉尔德·F·戴维斯. 组织理论——理性、自然与开放系统的视角[M]. 高俊山, 译. 北京：中国人民大学出版社, 2002：78.
② [美] 小艾尔弗雷德·D·钱德勒. 看得见的手——美国企业的管理革命[M]. 北京：商务印书馆, 1987：589.
③ [美] 罗恩·阿什克纳斯, 等. 无边界组织[M]. 姜文波, 译. 北京：机械工业出版社, 2005：153.

三种[①]。按照组织的对内与对外活动来说，边界可以从一般意义上划分为组织的内部边界和外部边界。内部边界包括上述垂直边界、水平边界，而外部边界组织包括对外的能力边界与地理边界。

不同的物质在组织边界流动，既包括组织内外双向渗透的物质，也包括被组织边界阻挡了的物质（见图4-1）。因此边界不仅需要稳定性，也要求具有适当的灵活性，以便信息资源能够自由地流进流出。[②]组织边界不可以永远被认为是稳定的，也不是无懈可击的。准确地说，在实际的组织间交流、协作甚至是交换过程中，组织边界本质上恰恰是变动不居的、多缝隙的、可渗透的和具有弹性的。正是通过这样的交流、协作、交换甚至有可能发生冲突的交换过程，组织的正常功能才能得以维系，组织才得以不断地发展、演化。

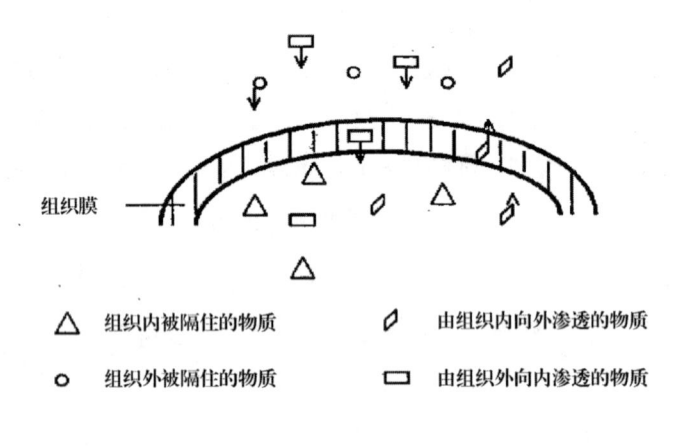

△ 组织内被隔住的物质　　◇ 由组织内向外渗透的物质
○ 组织外被隔住的物质　　□ 由组织外向内渗透的物质

图4-1　组织边界的物质流动[③]

（二）组织边界的意义与功能

认识组织边界的功能与意义对于组织而言具有重要的价值，特别是如何

[①] 李晓青. 企业的组织边界——基于不同理论视角的重新审视[J]. 改革与战略, 2009(9): 145—147.

[②] [法]埃哈尔·费埃德伯格. 权力与规则——组织行动的动力[M]. 张月, 等, 译. 上海: 上海人民出版社, 2005: 23.

[③] 田也壮, 方淑芳. 组织边界及部门间边界机理研究[J]. 系统工程学报, 2000（4）: 391.

正确地实施内部化的战略，渗透组织的外部边界是保持组织活力与创新力的根本，否则在外界环境剧烈变化的时代，边界僵固、反应迟缓的组织只能走向衰亡。[①]边界之于系统研究而言，具有两方面的含义，其一，边界具有从本质上界离、区分两种或者多种不同的系统；其二，边界是系统与系统之间输入与输出的关键地带与通道，连接不同的系统并影响各自系统的结构、功能与行为，从而影响系统生长。

一个组织的真正边界具有渗透、开放性，或封闭程度不是稳定的而是变动不居的，组织的边界会随着时间或者境遇的变化发生改变[②]。边界作为任何时候都会被提出的问题抑或标明的问题的一种功能，同样也为组织的各种成员所拓展或限制，简言之，这是控制边界的一种功能。边界的功能在于保护系统的功能或者正常运作免遭外部环境的侵犯或影响。因为，理性系统理论家从他们的角度出发所理解的组织边界的功能以及组织边界有助于组织的理性化[③]。一些重要的个体参与者对组织外身份的认同所产生的作用相对不大，却拥有特别顽固传统的观念，因此边界管理以及一些重要的个体参与者都需要通过适当的招募准则、甄别与隔离措施和控制机制来纠正边界，尤其是从外部边界是组织与组织之间互动的基础和平台上的意义来说，这显得尤为重要。

二、高校与城市的互动边界

高校在城市环境中，城市环境也会受到高校的影响而不断地改变，二者长期处于互动与演化前进的过程中，呈现出传统高校边界式微、现代高校边界泛化的扩展与混乱。如何寻找与定位高校与环境或者高校与城市互动的真

---

① 王效俐，吴东鹰. 组织边界渗透与结构创新[J]. 山西财经大学学报，2000（4）：39.
② [法]埃哈尔·费埃德伯格. 权力与规则——组织行动的动力[M]. 张月，等，译. 上海：上海人民出版社. 2005：85—86.
③ [美]W·理查德·斯科特，杰拉尔德·F·戴维斯. 组织理论——理性、自然与开放系统的视角[M]. 高俊山，译. 北京：中国人民大学出版社，2002：174—176.

实、合理、科学的边界便极为重要。高校作为一个组织来说，按照不同的研究角度，存在着不同的内部边界和外部边界两种形式。在高校与城市的互动边界研究中，主要关注高校的外部边界。

（一）高校外部互动边界的提出

高校组织本质上是一个开放系统。在《教育组织行为》中，欧文从社会技术系统的观点认为学校系统或学校处于与其所在大环境的动态相互作用之中，学校与其所处环境之间的输入输出关系，是学校和其所处大环境的永不休止的、循环的相互作用[1]。学校与环境之间的界限是可穿透而且彼此之间是具有交互作用的，在这种互动的过程中，现代知识的生产方式发生了极大的变化，主要由多类主体推动并以网络化的形式为主。科学知识发展所导致的新型生产模式最为显著的特征在于高校和企业之间边界模糊不清。[2]

在高校与城市的互动研究中，就曾有学者使用"大学的边界效应"一词。边界效应描述的是两个或者两个不同性质的生态系统（或其他系统）交互作用处，由于某些生态因子（可能是物质、能量、信息、时机或者地域）或系统属性的差异和协和作用而引起系统某些组分及行为（如种群密度、生产力和多样性）的较大变化[3]。尚观华从组织与外界环境生态相互交换的角度认为研究高职院校的组织边界可以认为是学校组织与外部环境之间的交互关系，而且组织的边界活动与组织的执行力以及效能之间存在着莫大的关联。[4]

作为城市政府与高校组织来说，马拉（Margaret P. O'Mara）认为在城市政府与高校之间存在着关注维度的差异（见表4-1）。王建华在《大学边界论》中

---

[1] 罗伯特·G·欧文斯. 教育组织行为[M]. 窦卫霖，温建平，王越，译. 上海：华东师范大学出版社，2001：109.

[2] Gibbons, M. The new production of knowledge[M]. London: Sage, 1994: 34.

[3] 白辉，白旭，刘莹. 论大学边界效应与周边城市空间可持续发展——以云南农业大学校园规划为例[J]. 云南农业大学学报，2010（4）：115—120.

[4] 尚观华. 试论组织边界活动对高职院校执行力的影响[J]. 教育理论与实践，2012（27）：23—25.

首次正式提出"大学边界"的概念。[①]他指出大学边界与无边界高等教育之间的关联，无边界高等教育是从高等教育的地理边界的角度提出来的。刘广明的博士论文《组织社会学视域中的大学边界研究》对"高校边界"的概念进行了进一步的阐释，认为高校边界就是高校与其外部环境之间的分界线。这种分界线不仅是高校与外部环境或组织进行相互区分的界线，也是彼此之间相互作用相互影响的界面等两种含义[②]。最后他从边界维持、跨越与管理的角度，认为大学边界的意义在于保护与维持大学的地位与核心的使命，大学边界的形成与高等教育改革密切相关，研究大学的边界必须重视高校历史与传统，区分并结合大学组织内部边界以及组织外部边界的研究立场。

表4-1 城市政府和高校关注维度的差异[③]

城市政府的关注维度	高校的关注维度
高校活动如何维持或增加本地的财政收入	政府行动如何支持高校获得收入
私营企业就业机会的增加	联邦或州政府在财政拨款、技术转换、学费等方面的政治支持
受教育劳动力的增加	私人捐赠
建构（construction）	研究赞助
高生产率、高收益，知识密集型行业的增长	——
控制高校及高校资产	高校自由发展，高校自治
社区活力	社区活力
交通压力	治安状况
经济稳定	建筑美学、环境美学
学生租房对房屋租赁市场的影响	学生及员工租赁房屋的可用性
高校成员的行为	非高校成员的行为
高校和高校生对于城市市容及吸引力的影响	城市对于学生、教师和员工的吸引力
高校的专业知识的本地应用	实习过程中如何提高学生能力

---

① 王建华. 大学边界论[J]. 清华大学教育研究，2006（6）：1—8.
② 刘广明. 组织社会学视域中的大学边界研究[D]. 南京师范大学，2008：19.
③ Margaret P. O'Mara. Beyond town and gown: university economic engagementand the legacy of the urban crisis[J]. The Journal of Technology Tränsfer, 2012(37): 234—250.

（二）高校互动边界的类型划分

从类型学的角度来分析，根据不同的划分标准，高校边界可以划分为不同的类型。从谱系学的角度分析，分为物理性边界、地理性边界与心理性边界。物理性边界就是校园的边界，即高校所具备的相应的教室与图书馆的存在，引申而言，也可指高校的规模边界。地理性边界强调高校的服务的区域，即高校所在的地区的边界或国家的边界。心理性边界是关于高校定义以及人们对高校概念的认同，是外部环境对高校形象与信仰的表达，是高校内涵与外延此消彼长的过程。①

根据高校边界所属性质划分，可以分为物理边界、社会边界和心理边界三类。物理边界主要由有形实体构成，比如校园与外部环境相衔接的区域，同时也包括制约组织内部成员之间及其与外部环境之间的互动的显性规则与规定。社会边界是指存在于高校与其他组织之间的"同一性"和"相异性"之间的界限，即外部环境对高校应当具备的中心的、独特的和持久特性的描述。心理边界是指促进不同文化群体之间相互交流、做出行为选择或者加深他们对高校理解的特定期望与心理符号。②

笔者认为上述两种对高校边界的类型学意义上的划分，对于更为清晰地理解高校边界的内涵与外延具有重要的里程碑意义，二者对于高校边界的划分存在诸多相同之处，当然其差异也非常明显，尤其对于心理边界维度的理解，前者强调高校自身定义与外部期望之间的界限，后者将其阐释为特定的术语与符号。

在综合以上对高校边界划分观点的基础之上，提出高校边界的四分法：物理边界、地理边界、社会边界、心理边界。具体而言，物理边界强调高校规模；地理边界主要指高校所在的区域乃至国家的边界；社会边界强调高校与其他社会组织之间的同一与差异；心理边界主要指高校自身的定义、内涵

---

① 王建华. 大学边界论[J]. 清华大学教育研究，2006（6）：1—8.
② 刘广明. 组织社会学视域中的大学边界研究[D]. 南京师范大学，2008：20.

与外部环境对高校的形象、信仰的期望与表达。物理边界、地理边界、社会边界注重实体维度，而心理边界却倾向精神文化层面，较为抽象，具体到澳门高校与城市互动边界的范围而言，也可以从物理边界、地理边界、社会边界以及心理边界四个维度进行分析与阐释。就物理边界来说，澳门高校当中澳门大学和澳门科技大学的校园规模最大，澳门大学新建设占地 1.0926 平方公里，建筑面积约 82 万平方米的横琴校区为澳门各校规模之首，澳门镜湖护理学院以及中西创新学院等规模很小，其招生规模亦如是。按照地理边界的含义，澳门各高校均位于中国澳门特别行政区，一开始就树立了服务澳门的本土意识，回归后更是根据《基本法》的号召，利用"一国两制"的政策优势积极促进澳门高等教育的进一步发展，致力于创新澳门高等教育服务模式。澳门各高校就其跨越地理边界意义来说，澳门城市大学在这方面影响最为深远，因为澳门城市大学从 20 世纪 80 年代就致力于远程教育，其辐射范围扩大至中国大陆乃至整个东南亚地区。至于社会边界，澳门高校组织目标与其他社会组织如政府、企业的差异性在于澳门高校是为促进澳门科技文化等知识传播、开展专业教学以及服务社会方面做出了独特贡献的准公共组织，不能和政府或公司一样营利。就心理边界而言，在于澳门社会各界人士对于澳门高校与澳门高校自身定位存在着差距，高校在适应澳门社会发展还是超越引领澳门社会之间徘徊。

第二节　澳门高校与城市互动边界中的跨界者与组织

在对澳门高校与外界交往的具体考察中发现，在高校与城市互动的边界中存在的一些重要的跨界者和跨界组织发挥着极其重要的作用。如过渡期时澳门大学在设置新课程和新的系的时候意见不一，尤其是对于法学院是设置在澳门大学内部还是单独成立一个专门的法学院的分歧最大，当时的澳门教育暨青年局、高校董事会、相关的法律社团以及这些组织的负责人多方联络、密切沟通、积极交流，共同与高校化解了这场分歧。澳门大学后来成立了法学院，为回归后的澳门培养了众多实用的法律人才。因此，相对于澳门高校外部来说，政府、产业、社团与教会的跨界者与高校内部的跨界者以及所代表的跨界组织组成了一个完整的流动的跨界网络，这个网络在传递信息、沟通交流、协调处理等方面发挥着重要的作用。

一、互动边界中的跨界者

（一）跨界者的概念及分类

跨界者的概念源于组织社会学对于角色的研究。角色是社会结构或人际互动的部分，每一个角色并非单独存在，必须与其他的角色伙伴（rolepartner）产生互动关系[1]。此定义强调角色间的互动关系，必与其互补的角色（如父母与子女）产生交互作用角色才有意义。按照身份地位产生角色的观点，海伦贝克（Hallenbeck）等认为跨界者位处组织边界，属于连接外部顾客和环境及内部组织营运的部分，他的重要功能是了解、过滤以及解释来自于组织和其外部情况的信息及来源，扮演信息过滤及传递的角色[2]。

跨界者是指那些活动于组织的周围或边界、从事与组织相关的工作并联系组织本身与外在组织、环境的人。[3]还有学者认为跨界者就如同组织内的公关经理或发言人（spokesperson），他们经常扮演救火员角色，由于跨界者的跨界活动除了以实际行动避免组织受到干扰外，有时还需维护组织本身的规范、价值、习俗、政治形态及信仰，因此他们还必须面对外在环境，处理组织所面临的任何挑战与危机。还有研究者认为跨界者类似于组织对于外界

---

[1] Phil Hodkinson, Gareth Harvard.Perspectives on Teacher Education[C]//Action and reflection in teacher education. Westport: Greenwood Publishing Group.1994: 1—14.

[2] George S.Hallenbeck Jr, Jacob E.Hautaluoma, Scott C.Bates.The Benefits of Multiple Boundary Spanning Roles in Purchasing[J]. Issue Journal of Supply Chain Management. 1999(35): 38—43.

[3] Leifer, R. Delbecq, A.Organization/Environmental Interchange: A model of boundary spanning activity [J]. academy of management review, 1978(20): 40—50.

第四章　互动边界：澳门高等教育扩展的作用平台

反应的一个回应者（correspondent）或者中继者（relay）①的角色。另外，组织在与外部环境互动时与有限数量的真实的人进行互动，并不是在与一个抽象的环境或者组织在发生作用，这些人变成了他们拥有特殊地位的回应者。正是因为这些回应者和中继者通过权力和交换的更持久的联系与组织紧密地联合在一起，这些同伴逐渐将环境的各个部门完全个人化了，他们代表了组织甚至在某些情况下就是组织的化身②。所以，他们在与组织进行交往的时候代表着他们的环境的组成部分，与此同时成为组织的中继者。这些中继者和代言人在明确地允许组织减少其与环境之间固有的不确定性，并就两者之间的关系在一定的范围内进行协商等方面发挥着极其重要的作用。

最简洁的定义为凡需要代表高校组织与组织外界打交道的就是跨界者。克尔表示高校没有直接的公共服务的责任之前仅仅关注教学和研究，高校与校外联系的需求是极小的。高校校长静悄悄地、有效地、微弱地管理着高校的日常行政，因为高校几乎完全被教师所控制，没有校友会、没有公共支持的体育活动、更没有向私人筹资的任何努力③。然而威斯康星州立大学成立之后，作为一种代表为社会服务的范式，不仅校长、院长等参与对外代表、沟通联系的活动多了起来，而且就连教师们也参与了这种跨界活动。伯顿·克拉克（Burton R. Clark）在论及教授们的活动特点时指出：他们从事着跟其他团体的交往时审视并监督外部环境的变化，参与信息保密，并在所在组织和外界之间担任各种联系、沟通和协调活动。④

高校组织跨界者的分类。根据台湾学者张惠蓉的研究，组织跨界者可以分为两类⑤。第一类，组织结构所赋予的跨界者。这种类型的跨界者是基于

---

① [法]埃哈尔·费埃德伯格. 权力与规则——组织行动的动力[M]. 张月，等，译. 上海：上海人民出版社.2005：83.
② [法]埃哈尔·费埃德伯格. 权力与规则——组织行动的动力[M]. 张月，等，译. 上海：上海人民出版社.2005：83.
③ [美]克拉克·克尔，马丽安·盖德. 大学校长的多重生活——时间、地点与性格[M]. 赵炬明，译. 桂林：广西师范大学出版社，2008：27.
④ [美]伯顿·克拉克. 高等教育系统——学术组织的跨国研究[M]. 杭州：杭州大学出版社，1994：261.
⑤ 张惠蓉. 组织跨界人：观念介绍与实证研究[M]. 台北：五南图书出版公司，2004：44.

功能性角色设计，必须同时具有频繁地对内或对外传播活动。校长、院长、系主任以及公共关系部门的工作人员都属于此类。第二类，自主性产生的跨界者。自主地成为内外沟通的传播明星。比如一些研究团队的带头人、学术精英之类。值得注意的是，组织内并不是所有人都能成为跨界者，根据传播学理论，只有在组织内外传播信息量占前 20%的人才能成为跨界者①。总的来说，这两类跨界者的划分属于大致的判断，因为在澳门传统的儒家观念"学而优则仕""仕而优则学"的影响下，高校组织机构所赋予的跨界者和自主性产生的跨界者常常是可以重合的，通常研究团队的带头人因为掌握的资源较多也比较容易获得院系的行政权力。

以澳门高校校长为例，澳门各高校章程对于校长的职责的规定可以分为以下几类：第一，校长为高校的对外代表；第二，促进及确保高校与澳门外界的联络关系，特别是与澳门特别行政区教育部门的关系；第三，确保高校的使命和宗旨得到履行；第四，监督学术部门、学术辅助部门、行政部门的运作以及协调发展。

（二）跨界者的跨界活动

因为"所有问题都是跨学科的、所有解决方案都是跨部门、跨专业、跨国界、相互依赖的世界"②，跨界者的跨界活动也必然牵涉多个组织或部门。亚当斯（J.S.）将跨界活动分为五类③：投入与产出的转换、收集信息、筛选信息、组织代表、保护组织免于受到外在威胁与压力。然而连亚当斯本人也认为这五项分类虽在观念上没有特别明显的区别，但落实于行为层面时则重叠性较强。同时期奥蒂琪（Howard Aldrich）和汉克（Diane Herker）则将跨

---

① 张惠蓉. 组织跨界人：观念介绍与实证研究[M]. 台北：五南图书出版公司，2004：23.

② Harlan Cleveland. The Knowledge Executive: Leadership in an Information Society[M].New York: E.P.Dutton, 1985: 197.

③ J.S. Interorganizatioal process and organizational boundary activities[C]. Research in Organizational Behavior. Greenwich: JAI.B. M. Staw & L. L. Cummings.1980:321—355.

界者的功能简单区分为信息处理和外部代表两类。①希尔斯（Hills, R.J.）在 1963 年提出了一份包括 30 项的界线扩展行为量表来衡量扮演跨界者的行为效能，②把组织界线扩展的行为区分为"取得"与"处理"两种。其中有 15 题项包括资源获取及对更高阶层人员的影响力，另外的 15 题项主要包括避免外界对组织内部的干扰及代表组织与外在协调，从而分析组织跨界者所扮演资源取得者及信息处理者的角色。跨界者采取联结活动以跨越组织界线获取信息及资源，并代表组织与外部接洽。边界扩展活动包括：代表组织面对其他组织的同仁、领导者或组织以外的人员；资源与信息的获取与产出的处理；社会交往网络的维系与发展。

还有研究者把此种跨界活动视为一种"转换"和"征用"③：转换意味着一方面承担着作为通向目的工具的角色，一方面也为组织内部的回应者提供服务，在这个转换的过程中获得自己的认定的利益以及被组织委以重任；征用意味着跨界者一方面将信息进行过滤，抑或放慢信息传播的速度。另外一方面在此过程中巩固自己的利益。从某种意义上来说，在组织与外界互动时，领导者就像收音机上的调谐旋钮或者就像一个 DJ。跨界者需要衡量信息、权力、能力、报酬等四种杠杆来促进适当渗透，如鼓励超越边界去获得信息；在行动和资源方面，给予人们自主决策的权力；帮助人们精明地利用信息和资源的技能；提供恰当的有利于组织实现目标的共享激励④。

组织间关系以及组织与外部客观环境间的关系均来自个体与集体的互

---

① Howard Aldrich, Diane Herker.Boundary Spanning Roles and Organization Structure[J]. Academy of Management Review, 1977(2): 217—230.

② Hills, R. J. The representative function: Neglected dimension of leadership behavior[J]. Administrative Science Quarterly, 1963(8): 83—115.

③ [法]埃哈尔·费埃德伯格. 权力与规则——组织行动的动力[M]. 张月，等，译. 上海：上海人民出版社，2005：83—84.

④ [美]罗恩·阿什克纳斯（Ron Ashkenas），等. 无边界组织[M]. 姜文波，译. 北京：机械工业出版社，2005：153.

动，这些人成为他们拥有特殊地位的回应者[①]。组织间关联关系的纽带包含了两层意义，一是组织间关系依靠作为"个体"人进行互动，二是这些作为纽带或桥梁的"个体"借此获得了一定的声誉和地位。这些高校的跨界者的跨界活动可以按照联络主体的不同划分为以下几类。

与学界的沟通活动：刊物编辑、学术评审、论文审查、专业会议主席、学会会议的召集人、学术指导、专业讲演。

与政界的沟通活动：政府部门研究计划的评审、政府部门委员、政府研究计划的主持人、政府部门顾问。

与商界的沟通活动：企业研究计划的主持人、企业咨询、企业研究顾问、企业研究计划的召集者、公益慈善支持。

与社团的沟通活动：社团组织的联系人、社团委员、社团顾问、公益慈善支持。

与教会的沟通活动：教会组织的联系人、宗教研究、公益慈善支持。

与社区的沟通活动：社区服务联系人、社区机构顾问、社区机构的委员、社区研究的主持者、公益慈善支持。

二、互动边界中的跨界组织

跨界组织是骑跨在高等教育系统与其他系统之间的组织。可以分为高校内部的跨界组织、政府内部的跨界组织、产业内部的跨界组织和教会内部的跨界组织，这些跨界组织共同组成了高校与城市互动关系的跨界网络，在信息资源的交流沟通和协商合作方面起了重要的作用。

1. 高校内部的跨界组织

校董会、招生办公室、就业指导中心、公共关系办公室、行政部、院系组织、研究中心和研究所。高校内部的跨界组织在与外界进行信息交流、协

[①] [法]埃哈尔·费埃德伯格. 权力与规则——组织行动的动力[M]. 张月，等，译. 上海：上海人民出版社，2005：83.

第四章　互动边界：澳门高等教育扩展的作用平台

商合作等活动时可以起到化解冲突、应对竞争、规避风险、共享资源的作用，这些活动也在一定程度上影响着高校的变革。伯顿·克拉克在论及高等教育系统变革时指出，因为变革经常是由高等教育系统外部影响于散布在那些只限于专门跟外界打交道的管理机构而不知不觉发生的，比如高校的招生办公室、公共关系办公室和拨款办公室等①。澳门各高校都设立了董事会制度。高校章程安排了高校校董会的设立，可以对高校的发展计划提出建议，帮助高校建立社会关系。教育董事会成员是社会公众、政府组织与高校专业行政管理者之间的中介。有的高校的校董会目前只是一个咨询机构，无疑，咨询性质的校董会在问责和监督方面是无能为力的。下面仅以澳门高校的公共关系办公室和研究中心为例来说明其作为跨界者组织的重要作用。

　　公共关系办公室。格伦·布鲁姆 Glen M.Broom 在《有效的公共关系》中认为，在高等教育已经有了一段很长的公共关系历史，尤其是对于履行责任的社会要求做出反应的时候，这种反应具有当经典教育让位于适应20世纪需求的课程，当对于扩展和研究的需求在增长，当对资金的需求急剧增加等情境下，高校的行政管理人员开始需要运用新闻宣传的途径，这就是求助于公共关系的最好例证②。公共关系对于那些依靠公共资金的院校来说，有责任告诉校外的校董们他们在做什么；亦有责任告诉公众，他们所付出的钱得到了什么③。公共关系之于高校的发展，其重要性已毋庸置疑。尤其在当代社会背景下，高等教育系统运行中在吸纳生源、师资建设、经费筹措、项目竞争、学生就业等方面都存在着激烈的竞争。这种竞争行为无时不有、无处不在，竞争的压力促使高校转向外援，寻求与政府、教育行政机关、社区、媒体、学生家长、校友、兄弟院校以及企业界等诸多关系的广泛合作，由此便促成了有意或无意的高校公共关系活动。以澳门理工学院为例，公共关系办公室作为澳门理工学院及社会的桥梁，主要负责向本地、国内外的高等院

---

① [美]伯顿·克拉克. 高等教育系统——学术组织的跨国研究[M]. 杭州：杭州大学出版社，1994：261.
② [美]格伦·布鲁姆，艾伦·森特. 有效的公共关系[M]. 明安香，译. 北京：华夏出版社，2002：452.
③ [英]弗兰克·阿尔布林顿，荣莉亚·托马斯. 高等院校对外关系管理[M]. 杨树兵，等，译. 南京：江苏教育出版社，2010：1—2.

校推广澳门理工学院；宣传理工学院的学术活动及成就以提高学院的知名度；负责联系传媒及迅速提供最新的活动信息以保持良好关系。作为公共关系的一部分，公共关系办公室负责学院的整体形象，其设计部专门设计及监督制作宣传材料、学院推广物品及构思相关广告。

研究中心。研究中心或研究所处于高校与外界环境的交互地带，因为它们的位置虽然在大学之中，但不是大学的组成部分[①]。它们相对于传统院系来说更加积极地与产业界、政府、社团等组织机构进行合作。另外，研究中心或研究所不同于以往以纯学术为导向的传统院系，而是基于资助者为导向的新型组织[②]。研究中心与院系相比，具有更强的不同组织间或者来自高校内部不同部门的合作，主要因为它们经常是由外部组织的资金支持[③]。澳门各高校建立了多种类型的研究中心或研究所（见表4-2），其作用主要集中于重点学科的研究与发展、学术交流平台建设以及提供社会资讯服务等。

表4-2 澳门部分高校研究中心概览

高校名称	个数	具体的研究中心
澳门大学	14	商业研究及培训中心、工程研究及检测中心、信息及通讯科技教育研究中心、日本研究中心、法律研究中心、科技研究中心、成长综合服务教育研究中心、教育研究中心、教育测验与评核研究中心、高级法律研究所、博彩研究所、中国文化研究中心、葡亚研究中心、当代中国社会科学研究中心
澳门理工学院	7	博彩教学暨研究中心、中西文化研究所、澳门语言文化研究中心、理工—伦敦大学玛丽皇后学院资讯系统研究中心、一国两制研究中心、葡语教学暨研究中心、社会经济与公共政策研究所
澳门科技大学	6	中药质量研究国家重点实验室、太空科学研究所、澳门药物及健康应用研究院、社会和文化研究所、可持续发展研究所、仲裁与争议解决研究中心

---

① Mallon WT，Bunton SA. 美国研究型大学医学院的研究中心和研究所[J]. 梅人朗，译. 复旦教育论坛，2006（2）：86—90.
② 王项明，许甜. 我国研究型大学研究中心的现状及其特征分析[J]. 中国高教研究，2012（12）：19—25.
③ Barry Bozeman, Craig Boardman. The NSF EngineeringResearch Centers and the University–Industry Research Revolution: A Brief History Featuring an Interview withErich Bloch[J].Journal of Technology Transfer, 2004(29)：365—375.

续表

高校名称	个数	具体的研究中心
旅游学院	1	旅游业研究暨科技中心
澳门城市大学	6	澳门社会经济发展研究中心、葡语国家研究院、经济研究所、旅游博彩研究所、语言研究所、澳门发展研究所
澳门管理学院	1	设施管理发展研究中心
中西创新学院	1	港澳研究所
圣若瑟大学	3	基督宗教研究中心、少数族裔研究中心、历史及遗产研究中心

来源：各高校网站及年度报告

如位于澳门高校内部的澳门发展及质量研究所就致力工业科学技术的研究与开发；为先进的工程技术和质量系统，提供专业的技术支援及培训服务；建立一个维护工程实验中心，借此向澳门及邻近地区的工业提供优质的专业服务。[①]

2013年12月，可持续发展策略研究中心与澳门天主教学校联会的领导成员就《澳门城市概念性规划纲要》咨询文本的内容听取相关意见[②]，双方还计划在新学年开始，针对负责公民教育课程的教师举行5个策略专题的讲座，从而推动学校利用公民教育课程向青年学生介绍《纲要》的要点，并鼓励学生多参与、多讨论如何构建澳门特区的未来。

2. 政府内部的跨界组织

澳门高等教育辅助办公室、澳门廉政公署、澳门基金会、澳门科学技术基金。

澳门政府通过社会文化司下设的高等教育辅助办公室协助管理澳门高等教育事务。澳门高等教育辅助办公室成立于1992年，属于澳门特别行政区辖下的局级部门。其主要职责包括：构思澳门高等教育发展策略，辅助、跟踪及发展澳门高等教育，协助评核高等教育机构的表现等（见

---

① 澳门发展及质量研究所宗旨[EB/OL]. http://www.idq.org.mo/mission.html.(2014-1-21)
② 澳门可持续发展策略研究中心. 可持续发展策略研究中心拜访澳门天主教学校联会[EB/OL]. http://www.mcsa.org.mo/html/news_20080729.html.(2013-12-30)

表 4-3)。

表 4-3　高等教育辅助办公室的职责[①]

决策性职责	操作性职责
构思澳门高等教育发展策略及建议	收集整理及出版相关资料，促进澳门与外地交流合作
为澳门高等教育机构发展提供辅助	协助推广有关的文化活动，举办校际学生活动
协助评核澳门高等教育机构的表现	提供升学信息及辅助服务
处理外地高校在澳门开办课程	负责内地课程在澳门的报名及考试工作
协助外地高校课程的运作	处理研究生奖学金的申请

澳门高等教育既不属于集权型的，又不是分散型的管理模式，很难精确地定义。澳门没有类似于中国内地或美国的教育部，一部分高校管理事务是由作为中间层缓冲组织或力量的社会文化司辖下的高等教育辅助办公室专责辅助。这种组织或力量在协调政府与高校的关系方面发挥了一定的作用。[②]高等教育辅助办公室每年亦会投入资源联络高校间的活动，举办实习、考察、交流、培训等活动，让高校学生充实其学习生活。高等教育辅助办公室主任曾在一次会议采访中非常形象地说明该办公室的作用。他认为办公室类似于这样的一个高校与政府打交道的跨界组织，就其在审批课程方面的经验来说：

　　高辅办（高等教育辅助办公室）像一个邮筒或邮箱一样。比如要开设一门新课程，底下的学院把课程计划交上去，高辅办的工作人员行政式地看看，看是否符合本地的法律、是否符合本地区的需要。由于政府是高等教育出资机构，所以政府也有一定程度的话语权。比如这个课程是否是本地需要，从任课教师的数量以及资格上考虑能否培养这个水平的学生。至于是否达到了相应的专业学位水平，则由学院内部的学术委员会来把关。[③]

廉政公署。1999 年 12 月 20 日澳门特别行政区成立时，根据澳门《基本

[①] 郝雨凡，吴志良. 澳门经济社会发展报告（2008-2009）[M]. 北京：社会科学文献出版社，2010：197.
[②] 谢安邦，陈志峰. 澳门高等教育管治体制探析[J]. 澳门理工学院学报，2013（1）：155—163.
[③] 源自《澳门现代高等教育》课题组 120605 访谈记录。

法》第五十九条设立了"廉政公署",并完全取代于 1992 年 3 月 15 日设立的"反贪污暨反行政违法性高级专员公署"。按照经 3 年 26 日第 4/2012 号法律修改的第 10/2000 号法律《澳门特别行政区廉政公署组织法》的规定其主要职责为:(1)开展预防及遏止在公共部门及私营部门发生贪污犯罪及与贪污相关联的欺诈犯罪的行动;(2)针对由公务员实施的贪污犯罪及与贪污相关联的欺诈犯罪,依法进行调查及侦查;(3)针对在私营部门发生的贪污犯罪及与贪污相关联的欺诈犯罪,依法进行调查及侦查;(4)针对在因应澳门特别行政区机关选举而进行的选民登记及有关选举中实施的贪污犯罪及与贪污相关联的欺诈犯罪,依法进行调查及侦查;(5)执行行政申诉工作,以促使人的权利、自由、保障及正当利益得到保护,确保行使公权力的合法性及公共行政的公正与效率。

2011 年 5 月 5 日,《澳门理工学院在架构与运作上各种问题的综合报告》[1]指出理工学院领导层先后在理事会下设多个委员会,变相更改《理工学院章程》的纵向决策机制;增加的处级附属单位又没有清楚界定职责范围,容易被质疑"因人设处,行政浪费",明显违反公务管理原理及合法性的原则,并向澳门理工学院发出劝喻,要求学院领导层必须全面检讨现时的规章制度,尤其是组织及架构、委员会的设置、运作的模式要确保完全符合现行的规章制度,并借此纠正违法设立委员会及违法运作的状况,在管理上也应深入研究现时的架构是否过于臃肿,尤其是否精简架构及提升效率等多项建议。

3. 产业类的跨界组织

根据 5 月 22 日第 21/95/M 号法令,设立一个名称为"澳门生产力暨科技转移中心"(葡文缩写为 CPTTM)的团体[2]。中心的目的就在于辅助在澳门从事业务或拟从事业务的工业企业及与之有关的服务企业,以发展衍生更

---

[1] 澳门廉政公署.澳门理工学院在架构与运作上各种问题的综合报告[EB/OL].(2013-8-7) http://www.ccac.org.mo/.
[2] 澳门生产力暨科技转移中心[EB/OL].http://cms.cpttm.org.mo:8080/index.php?lang=zh. (2013-8-10).

大增值的生产能力、科技能力、组织能力及管理能力,以及为本地区生产结构的革新及科技发展做出贡献。"中心"的主要职责是:鉴于生产结构的机遇及局限,在工业现代化及多元化进程的范围内,对本地区行政当局所订定的经济发展策略的落实进行合作;促进与有关实体及组织的国际合作,而彼等乃致力于科技研究、发展及转移、支援生产效率、质量及革新者,亦促进与科技推广及商业经营者的国际合作,并可与之签署旨在取得其产品或服务的合同;向企业提供咨询服务,尤其是在先进科技的研究、贸易、转移、适应性改造及内生化等方面;对具有革新项目的企业的创建及设立给予辅助,并为筹建企业提供手段及空间上的方便;对产品及生产程序的革新及发展,提供技术协助及后勤支持,但须特别考虑其技术——商业可行性。澳门生产力暨科技转移中心的特别职能之一是发挥桥梁与中介作用[①],特别是与国内外生产力中心、企业、大专院校及科研机构建立联系,促进技术交流与合作方面。

4. 社团类的跨界组织

澳门社团众多,教育暨青年类社团在澳门印务局登记可查的有 515 个,其中与高等教育相关的社团可以分为以下几类:第一,学术性的社团,如(澳门)中国教育论坛学会、中国法律(澳门)研究中心、中加教育发展学会等;第二,校友会类社团,如中国社会科学院研究生院澳门校友会、亚洲澳门国际公开大学校友会、澳门中国同学会等;第三为青年志愿者协会,如澳门中华新青年协会、澳门中葡青年学会协会等;第四为澳门高校学生会,如澳门高校学生会,澳门科技大学研究生会、澳门管理学院学生会等。这几类社团在联络、协调与监督澳门高校与社会方面发挥着不可或缺的重要作用。

如 2006 年 4 月成立的澳门青年研究协会(名称为"Associação de Pesquisa Sobre Juventude de Macau";英文名称为"Macau Youth Research Association",

---

① 杨俊文.策略联盟共同推动——澳门生产力暨科技转移中心之缘起及运作[J]. 港澳经济,1997(5):16—19.

英文简称为"MYRA")是一非政治性、非牟利的民间组织[①]。澳门青年研究协会的宗旨以凝聚学者和青年人共同开展各种科学研究,并提供数据让有关机构进行决策和开展相关工作之用,以促进本澳社会的可持续发展。澳门青年研究协会开展了一系列有关于澳门青年成长以及澳门高等教育发展的研究调查,具体如下:与澳门大专学生语言、资讯、就业能力自我评价调查、澳门学生对公共体育设施满意程度调查、澳门学生学习压力调查、在澳门高校学习的内地生状况调查、澳门学生对公民教育发展之意见调查、澳门高中毕业生升学与就业意向调查、澳门学生对推行统一考试制度之看法调查研究报告以及"我喜欢的老师"调查报告。

5. 教会类的跨界组织

澳门现有各类宗教组织及团体210个,寺庙、教堂、会所、清真寺108座,信教群众近20万人,占澳门人口的三分之一多。澳门教会重视社会公益事业,是澳门社会工作的中坚力量。[②]目前澳门共有34所天主教学校都是宗教性质的教会、修会所办。在澳门回归的过渡期,天主教学校联会与澳门教育工作者联会共同研究和改善澳门的教育制度,教会还将关闭多年的圣若瑟修院改建成培养中文及葡语双语人才、训练领导人才的机构。[③]现在重点介绍天主教学校联合会与澳门教区等教会类跨界组织。

(1)澳门教区。1576年1月23日,教宗格里高利十三世颁布成立澳门教区,这是在远东地区最早成立的主教区[④]。澳门教区以科学与道德"Scientia et Virtus"为教区座右铭,自成立以来,不仅致力于传播基督福音,还在促进科学交流和道德伦理方面做出了一定的贡献。澳门教区首位主教耶稣会士贾耐劳(Melchior Carnciro S.J.)创办仁慈堂、圣辣法厄尔医院(俗称白马行医

---

① 澳门青研. 澳门青年研究协会简介[EB/OL]. http://www.myra.org.mo/?page_id=2.(2013-12-5)
② 周云. 澳门宗教团体社会工作的内容、特点探析[J]. 华南理工大学学报(社会科学版),2011(4):54—59.
③ 李桂玲. 澳门教会简介[J]. 中国天主教,1999(5):44.
④ 天主教澳门教区[EB/OL]. http://www.catholic.org.mo/.(2013-12-01)

院)以及麻风病人收容所(即现在望德堂一带)等社工机构。重要的是,耶稣会士在16世纪末创办的圣保禄学院是澳门第一所西式高校,为澳门早期高等教育史描绘出绚烂的一笔。

在现代高等教育进程中,澳门教区仍然在发挥着重要的作用。1996年由葡萄牙天主教高校(Universi da de Católica Portuguesa)和天主教澳门教区合办了澳门高等校际学院,为澳门一所私立高校,也是澳门受欧洲教育机构认可的高校之一。1998年4月,该校迁往新口岸新填海区现址。2009年11月19日,澳门行政长官正式批准澳门高等校际学院翌日起更名为圣若瑟大学。圣若瑟大学现主要开设本科与硕士教育,其中的基督宗教研究、宗教研究、葡语国家研究等专业培养了大批具有宗教和神学素养的人才。[1]

(2)澳门天主教学校联会。其前身是《天主教学校协进会》,1967年,由当时澳门教区主教戴维理所创,并得慈幼会马耀汉神父、耶稣会谭志清神父等大力推动,主要是团结本澳各天主教学校,组织联谊活动。按照会章规定,凡澳门之天主教学校,均可加入为会员。会员校长及执行委员会成员组成会员大会,执行委员会由全体大会选出主席、副主席、秘书、财政及公关,并由未选为上列职员之修会或教区派出代表组成,每两年改选一届。是届执委主席为粤华中学校长梁炽才神父。联会会属学校共二十八间,每年为其下属校教师及学生举办宗教及学术或康乐活动,并参与澳门教育界之各项有关工作及活动,如长期性质的澳门政府教育委员会、澳门政府学历认可委员会及各教育研讨会等,十几年来,按照天主教教育原则,积极为培育澳门青少年教育服务[2]。澳门教区在澳门的社会福利服务范围十分广泛,包括老人院、孤儿院、青年中心、伤残中心、医疗所、寄宿、社区服务机构等32个组织单位,影响澳门一半以上的人口。澳门天主教学校更是澳门教育的一个重要组成部分,如圣若瑟教区中学网络,并设立澳门天主教学校联会以促进天主

---

[1] 圣若瑟大学简介[EB/OL]. http://www.usj.edu.mo/en/about.(2013-12-30)

[2] 澳门日报. 天主教教学校联会与理工学院签署合作协议[EB/OL]. http://www.mcsa.org.mo/html/news_20131218.html.(2013-12-30)

第四章　互动边界：澳门高等教育扩展的作用平台

教学校的教学。

天主教学校联会作为澳门教会学校的中介，既促成教会学校之间的沟通交流与合作，也积极地促成学校联会与其他非教会学校、其他社团组织甚至社会之间的交流、沟通与合作，充分推动跨界组织实现积极互动。比如，天主教学校联会与理工学院签署合作协议，双方未来在举办活动、教育调查、学术研究、资源共享方面加强合作、互补优势，致力于基础教育与高等教育建立起更紧密的合作关系，开拓更广阔的合作空间，为共同培育澳门的新一代而努力。[①]

此外，2008年7月29日，可持续发展策略研究中心与天主教学校联会座谈[②]，就《澳门城市概念性规划纲要》咨询文本的内容听取该会的意见，双方还计划在新学年开始，针对负责公民教育课程的教师举行五个策略专题的讲座，从而推动学校利用公民教育课程，向青年学生介绍《纲要》的要点，并鼓励学生多参与、多讨论如何构建特区的未来。

第三节　澳门高校与城市互动的边界约束

制度是社会的博弈规则，是基于人为设计形塑人与人之间互动关系的约束。新制度经济学派的诺斯（Douglass C.North）认为人与人之间发生相互关系的指南就是"确定和限制人们的选择集合"的制度，这种制度分为由人设定的正式规则和由传统的习惯、习俗构成的非正式规则两种[③]。制度约束即禁止人们从事某种活动；有时也界定在什么样的条件下某些人可以被允许从

[①] 澳门日报. 天主教学校联会与理工学院签署合作协议[EB/OL]. http://www.mcsa.org.mo/html/news_20131218.html.（2013-12-30）

[②] 澳门可持续发展策略研究中心. 可持续发展策略研究中心拜访澳门天主教学校联会[EB/OL]. http://www.mcsa.org.mo/html/news_20080729.html.(2013-12-30)

[③] [美]道格拉斯·C·诺斯. 制度、制度变迁与经济绩效[M]. 杭行，译. 上海：格致出版社，上海人民出版社.2008：4.

事某种活动。因此依照上述含义，制度与团体竞技体育的游戏规则十分相似，是基于人类相互交律的基本框架。这即是说制度是由正式的成文规则，以及那些作为正式规则之基础与补充的典型的非成文行为准则所组成。显然，作为澳门高校组织的跨界者与跨界组织在与城市社会的其他组织或群体进行互动与交往时也必须遵守这些制度的约束。

一、"一国两制"方针政策与澳门《基本法》

20世纪90年代，为解决祖国和平统一的台湾问题以及恢复中国主权的香港、澳门问题，中国政府在尊重历史、尊重现实的基础之上，提出了"一国两制"的基本构想，即"一个国家，两种制度"。换言之，在中华人民共和国内地坚持社会主义制度作为整个国家的主体，同时也允许台湾、香港、澳门等地区保留资本主义制度。

一国两制的前提是"一个中国"，即强调"中华人民共和国是代表中国的唯一合法政府"。因之，澳门高校与城市在互动过程中必然需要遵守"一个中国"的前提，即坚持"中华人民共和国是代表中国的唯一合法政府"，其活动的边界须在中华人民共和国作为政治共同体许可的范围之内。澳门特区的教育高校在同世界各国、各地区及国际的有关团体和组织保持和发展关系，各团体和组织可根据需要冠用"中国澳门"的名义，参与有关活动。比如澳门高校在对外事务方面，可以使用（XXX University，Aomen，China），但不能使用（XXX University，Aomen），否则就超越了法律边界，成为一种非法的活动与行为。

其次是"两种制度"。在中国内地坚持社会主义制度为主体，允许香港、澳门回归之后皆不实行社会主义，主权移交之后保持其原有的资本主义。换言之，坚持"一个中国"的前提下，香港、澳门可以享有除国防和外交外，其他事务高度自治及参与国际事务的权利，称为"港人治港，高度自治""澳人治澳，高度自治"。澳门作为中国主权领土的一部分，在招生和科技、文化交流上具有很大的优势。澳门高校可以在内地广泛招生，生源的数量和质量能得到保证，同时也利于加强与内地高校的交流与合作；另一方面，在"两种制度"下，澳门高等教育在办学模式、管理体制、经费拨款、学科发展、课程开设、教师聘用等方面具有相对独立性，高校可以依据澳门自身的发展特点和实际需要做出选择。

《澳门特别行政区基本法》由中华人民共和国全国人民代表大会制订并于1993年3月31日获得通过，1999年12月20日实施。其解释权属于全国人民代表大会常务委员会，修改权属全国人民代表大会。《中华人民共和国澳门特别行政区基本法》是中华人民共和国澳门特别行政区的宪制性文件，代替了澳门回归前的《澳门组织章程》，是澳门的"小宪法"。澳门《基本法》在高等教育制度的发展方向、自行制定高等教育政策的授权、高等教育制定的主体性与多样性等多方面有约束与自由。

第一，关于特别行政区高等教育制度的发展方向。特别行政区高等教育制度的发展首先需要解决的问题是确定特别行政区高等教育制度的发展方向。特别行政区高等教育制度的发展方向与特别行政区高等教育制度的性质密切相关。澳门原有的高等教育制度具有资本主义和殖民主义双重性质。关于保持澳门高等教育制度原有的资本主义性质的问题，有《基本法》第五条作为法律依据。澳门原有高等教育制度中属于资本主义制度和生活方式的内容，根据《基本法》第五条所确立的原则予以保留，但是属于殖民主义影响的东西不在予以保留之列。澳门回归祖国以后，澳门成为中国的一个特别行政区，一个特殊的地方行政区域；澳门居民成为澳门的主人，成为祖国大家庭的重要成员。澳门的教育就是具有主人翁地位的澳门居民获取知识、技能与其他生存和发展本领的教育。与澳门居民是中国人民的一个重要组成部分一样，澳门教育也是中国的国民教育的一个重要组成部分，是中国的一个地方行政区域的国民教育。在"一国两制""澳人治澳"和"高度自治"的原则下，澳门的地方性国民教育不同于我国内地各省、自治区和直辖市的国民教育，而是一种特殊的地方性国民教育。这是对于澳门特别行政区高等教育制度性质的基本定位。依据《基本法》保持澳门特别行政区高等教育制度的资本主义性质，推动澳门特别行政区的地方性国民教育的发展，是澳门特别行政区高等教育制度发展的基本方向。

第二，关于自行制定高等教育政策的授权。澳门《基本法》第一百二十一条第一款规定："特别行政区政府自行制定教育政策，包括教育体制和管理、教学语言、经费分配、考试制度、承认学历和学位等政策，推动教育的发展。"如何理解《基本法》的这一授权，由谁来行使该授权所授予的权力，也是特别行政区高等教育制度的发展必须解决的一个重要问题。授权问题是《基本法》上的一个重大问题。《基本法》上有很多关于授权问题的规定。对于《基本法》规定的授权，有两个问题是值得在理论上探讨并考虑的。首先是关于所授予的权力是属于自治范围内的权力还是属于自治范围外的权力的问题；其次是关于所授予的权力具体由谁行使的问题。①

行政机关也有制定行政法规和其他规范性文件的权力。立法机关制定法律、行政机关制定行政法规和其他规范性文件虽然也属于一种许可权划分，但是这是一种不同管辖层级的纵向的许可权划分。对于原则性问题，一般由立法机关制定法律来予以解决。而对于操作性、技术性和执行性的问题，通常由行政机关制定行政法规和其他规范性文件来予以解决。在立法机关与行政机关的许可权划分上，不存在有关管辖领域的横向划分问题。如果承认这种横向划分，就有可能会改变在立法与行政之间由立法机关制定法律和由行政机关执行法律的常规关系，导致出现立法领域上的二元制，造成容许存在立法机关不能立法的领域的情况。而如果容许有立法机关不能立法的领域存在，就等于承认立法机关只有部分立法权。这就在实际上限制了立法机关的立法权限，禁止立法机关在有些领域行使立法权。而限制和禁止立法机关在部分领域行使立法权是不符合现代民主关于立法制度的基本精神的。

《基本法》对特别行政区政府的授权，不宜完全按照立法机关与行政机

---

① 尚能思. 关于澳门的授权问题[J]. 行政，1990（7）：219.

关相互关系的传统理论来理解，也不能从广义和狭义政府的概念出发来理解。对于授权客体明确指明为特别行政区政府的授权，应该依据《基本法》的规定理解为《基本法》对于特别行政区政府的专项授权，该专项授权所授予的权力由特别行政区政府负责行使。但是，此种授权不能理解为具有排斥立法机关在相关领域制定法律的效力。如果在相关领域需要制定法律，应由立法机关按照立法程序制定相关法律。特别行政区政府在依据《基本法》的授权行使权力的时候，应同时以立法机关制定的有关法律为依据。

在《基本法》第一百二十一条的授权中，授权客体是特别行政区政府，制定高等教育政策是特别行政区政府依据《基本法》这一授权所拥有的专门权力。而特别行政区政府在制定教育政策的时候，需要以特别行政区有关教育问题的法律制度为基础。这就需要特别行政区立法机关制定教育法律，为特别行政区政府行使《基本法》所授予的权力提供教育法律的依据。事实上立法机关已经在行使此种权力，特别行政区已经有一系列教育法律。因此，《基本法》第一百二十一条对于特别行政区政府的授权，无论是在理论上还是在实践上都具有不排斥特别行政区立法机关制定教育法律的效力。

第三，关于高等教育体制的主体性和多样性。《基本法》第一百二十一条授权特别行政区政府自行制定教育政策，推动教育发展的精神里面包含着一个十分重要的价值取向。意为对于原有的高等教育制度不能原封不动地予以保留，而是要通过澳门特别行政区政府自行制定政策来推动高等教育的发展；推动高等教育发展的目的在于：首先要消除原有高等教育制度中的殖民主义影响；其次要保持原有高等教育制度的资本主义性质；最后根据《基本法》的精神在特别行政区树立公民教育的主体性，因此需要在特别行政区建立特殊的地方性高等教育制度。如前所述，这既是《基本法》关于特别行政区高等教育制度的基本精神，也是特别行政区高等教育制度的发展方向。

第四，澳门高校横琴校区是"一国两制"的实践与拓展，是在一国背景下澳门资本主义的一制向珠海社会主义的一制的拓展，是"一国两制"第一次在港澳以外地区实现。①澳门租赁横琴新区 1.0926 平方公里的土地建设澳门高校横琴校区,根据全国人大常委会《决定》的规定,澳门大学横琴校区按照澳门法律进行管理,这对"一国两制"理论指导下的特别行政区基本法制度是一个跨越式的发展和创新,视为该理论的法律续造。它深化了"一国两制",并拓展了特别行政区制度的适用范围,同时是我国中央和地方关系法治化的创新尝试,也引致对澳门特别行政区含义的新发展。通过考察全国人大常委会的《决定》,并结合国务院批准的《横琴总体发展规划》和珠海市人大常委会的《珠海经济特区横琴新区条例》三个规范性文件,不难看出对于澳门高校"租赁"横琴的 1.0926 平方公里所要拟建设的澳门大学横琴校区,人大常委会明确以规范性的方式"授权"澳门高校对该校区按照《基本法》来进行管理,并明确了四个限制:第一,澳门高校以 12 亿澳门币"租赁"了该土地的"使用权",而非土地所有权的让渡。第二,澳门大学横琴校区与横琴岛其他区域实行不同的管理方式,即隔离管理的方式。换句话说,澳门大学横琴校区按照澳门特别行政区的制度管理,另外的横琴岛区域暂不按照澳门法律治理。第三,澳门大学横琴校区的土地用途在租赁期限内不得变更,即只能作为教育用地性质使用。第四,土地使用权有期限,即到 2049 年 12 月 19 日,届时可续期。显然,这个期限和邓小平所言的"五十年不变"的长期政策取向是契合的。

二、高等教育相关的法例和政策

澳门现代高等教育体系形成的过程中,澳葡政府制定了一系列的法例和政策,以规制澳门高校的行动。按照澳门法律约束力的不同层次分为法令、训令以及政府批示两类。

澳门在 20 世纪 90 年代即澳门进入过渡阶段时建立了初步的教育制度。其中最为权威的为1991 年颁布的《澳门教育制度》法律,共十章五十六条。

---

① 夏泉,熊杰. 关于设立"横琴高教特区"的若干思考[J]. 高等教育研究,2009(9):45—48.

第一章范围与原则；第二章教育制度的组织；第三章教育辅助与补习教育；第四章人力资源；第五章物质资源；第六章教育机构；第七章教育资助；第八章教育制度的管理；第九章教育制度的发展和评核；第十章最后及暂行条文。《澳门教育制度》已实施了二十多年。

澳门特别行政区政府在成立后不久，即提出对澳门教育制度进行检视；教育委员会在2002年组织教育改革专责小组，就澳门教育制度的各个重要议题进行研究和讨论；澳门特别行政区政府于2003年6月底推出《澳门教育制度修改建议》；2004年3月公布《〈澳门特别行政区教育制度〉法律草案咨询意见稿》。1991年第11/91/M号法令，关于订定在澳门地区从事高等教育活动的一切公立及私立教育机构的组织及运作。1992年2月10日第8/92/M号法令修订高等教育法。1999年8月16日的第41/99/M号法令制定住所设在澳门地区以外的机构从事高等教育活动之许可制度。如第50/91/M号关于设立澳门高校的法令，第25/92/M号关于通过澳门高校章程的训令，1994年2月28日第15/94/M号法令规定在澳门高校取得硕士及博士学位的方式、1998年4月6日第11/98/M号法令关于高等教育辅助办公室之设立。20世纪90年代相继确立澳门九所高校的高校章程。

三、澳门高校的章程

（一）高校章程的内涵

高校章程起源于中世纪高校的特许令或特许状。特许状准予成立并赋予高校的法人地位，建立高校内部的治理结构以及规范相关的制度安排[①]。一些西方国家的大学章程据此而建。高校章程上承国家教育基本法律、高等教育法律和高等教育政策，下启高校办学活动和内部管理，是具有一定法律效力的治校总纲[②]。作为一种制度设计，高校章程是现代大学制度的基本要求，

---

① 孙贵聪. 英国大学特许状及其治理意义[J]. 比较教育研究，2006（1）：12—16.
② 张建初. 论高等学校章程[J]. 教育研究，2009（2）：88—92.

体现了遵循大学内在逻辑，实现依法办学、自主管理、民主监督、社会参与的治理模式。①高校章程体现着"大学自治"的精神。自治是现代高等教育管理最普遍的价值信念和基本原则。②大学自主决定和处理学校内部事务，③免受教会、国家公权的干预和控制。中世纪早期，博洛尼亚大学在1158年得到皇帝承认的自治权力，它的学生团体因此获得诸如组织行会、免交市政税、罢课、迁移等各项特权。其他大学自得到政府或教会承认起，也具有了一些豁免、免除和特别的权利。中世纪晚期的高校特许状既是特许又是有关某一高校的特别法，还是一系列人事任命书的集合。政府或国王或教皇让渡出一部分权力，使高校具有某些特别权力，但也可随时收回这种权力。直到1819年著名的达特茅斯学院诉伍德沃德案后，特许状才真正取得了自主性，高校的特许状和高校自主制定的章程和内部规程开始受到法律的保护。保护大学自治已是世界各国政府通行的做法，通过在法律层面上明确高校的内外关系和法律地位，高校章程正是扮演大学自治和高校自主办学"宪章"的角色。教育部发布的《高等学校章程制定暂行办法》第三条规定："章程是高等学校依法自主办学、实施管理和履行公共职能的基本准则。高等学校应当以章程为依据，制定内部管理制度及规范性文件、实施办学和管理活动、开展社会合作。"④按照这一规定，高校自主管理的直接依据就是章程，高校章程是实现大学自治的重要保证。

（二）澳门高等教育章程建设的现状

澳门现有十所高校均具有学校章程（见表4-4）。四所公立高校中，澳门大学和澳门理工学院在1991年设立，其学校章程在第二年得到行政当局通过；澳门保安部队高等学校和旅游学院的前身在设立时就具备了章程。澳门

---

① 方芳. 大学章程制定中的困惑与突破路径——基于六所高校章程文本的分析[J]. 复旦教育论坛，2014（1）：61—66.
② [美]约翰·S·布鲁贝克. 高等教育哲学[M]. 王承绪，等，译. 杭州：浙江教育出版社，1987：21.
③ 眭依凡. "大学自治"与校长治校[J]. 高教探索，2001（4）：45—47.
④ 国务院法制办公室. 中华人民共和国教育法典[M]. 北京：中国法制出版社，2012：213.

第四章　互动边界：澳门高等教育扩展的作用平台

六所私立高校在他们或其前身经澳门行政当局认可或许可设立之时就制定了学校章程，并得到行政当局核准或通过。十所高校中除旅游学院外的其他九所高校，其学校章程均明确以"章程"之名通过法例形式得到澳门行政当局的核准，如2月3日第25/92/M号训令通过澳门大学章程；第48/92/M号训令通过澳门理工学院章程；第57/88/M号法令设立澳门保安部队高等学校及核准其章程等。而旅游学院的前身旅游培训学院由8月28日第45/95/M号法令设立，其学校章程并未明确以"章程"字眼提出，但8月28日第45/95/M号法令制定了具有法律效力的条文，共四章五十四条，其实质就是该校经由澳门行政当局核准的章程。

表4-4　澳门高校章程建设状况

性质	高校	建设情况
公立	澳门保安部队高等学校	第57/88/M号法令—设立澳门保安部队高等学校及核准其章程； 第68/90/M号法令—核准澳门保安部队高等学校章程——撤销七月四日第57/88/M号法令
	澳门大学	第25/92/M号训令—通过澳门大学章程； 第30/SAAEJ/99号批示—核准澳门大学人员章程、教学人员章程及研究人员章程； 第470/99/M号训令—核准《澳门大学章程》； 第5/2002号行政法规—修改澳门大学章程； 第1/2006号法律—澳门大学法律制度； 第14/2006号行政命令—核准《澳门大学章程》； 第112/2006号行政长官批示—核准《澳门大学人员通则》
	澳门理工学院	第48/92/M号训令—通过澳门理工学院章程； 第29/SAAEJ/99号批示，核准澳门理工学院人员章程及教学人员章程； 第469/99/M号训令—核准新之《澳门理工学院章程》； 第457/2011号行政长官批示—修改《澳门理工学院人事章程》；第15/2011号行政长官批示—修改《澳门理工学院人事章程》及《澳门理工学院教职人员章程》； 第12/2014号行政长官批示，修改《澳门理工学院人事章程》
	旅游学院	第45/95/M号法令—设立旅游培训学院——若干废止； 第477/99/M号训令，核准《旅游学院教学人员及酒店业专业培训人员通则》
私立	澳门城市大学	第196/92/M号训令—通过亚洲（澳门）国际公开大学章程； 第467/99/M号训令—修改亚洲（澳门）国际公开大学组织章程（即9月28日第196/92/M号训令之附件）之第五条，第七条，第九条及第十八条）

续表

性质	高校	建设情况
私立	圣若瑟大学	第 207/96/M 号训令—许可设立澳门大学校际学院,并核准有关章程
	澳门镜湖护理学院	第 418/99/M 号训令—认可澳门镜湖护理学院作为私立高等教育机构;第 17/2002 号行政法规—核准澳门镜湖护理学院章程——废止 11 月 15 日第 418/99/M 号训令第三条
	澳门管理学院	第 45/2000 号行政命令—认可总址设于澳门的澳门管理学院为私立高等教育机构,并核准有关章程;第 24/2003 号行政命令—修改第 45/2000 号行政命令核准的澳门管理学院章程第一条、第二条、第四条、第五条及第六条
	澳门科技大学	第 20/2000 号行政命令—认可澳门科技大学为私立高等教育机构,第三条——核准载于本行政命令附件并作为其组成部分的澳门科技大学章程;第 23/2006 号行政命令—修改经第 20/2000 号行政命令核准的澳门科技大学章程第一条、第十四条及第十八条
	中西创新学院	第 34/2001 号行政命令—许可总址设于澳门的中西创新学院为私立高等教育机构,并核准其章程

资料来源:澳门印务局

随着经济社会发展以及办学形势和条件的变化,大部分学校的章程都经过修订或修改。如澳门大学和澳门理工学院的章程在回归之前的 1999 年 12 月 6 日得到重新修改并核准;2002 年 4 月,经由第 5/2002 号行政法规修改澳门大学章程;2002 年 7 月成立澳门大学修章工作小组跟进、分析及检讨澳门大学章程、澳门大学人事章程、教学人员及研究人员章程;2006 年 3 月《澳门大学法律制度》获澳门特区立法会通过,新的《澳门大学章程》及《澳门大学人员通则》也已获澳门特别行政区行政长官核准并公布,当年澳门科技大学、澳门理工学院、旅游学院、澳门镜湖护理学院、高等校际学院和中西创新学院也在开展修订章程的工作[①]。2011 年,又一次成立澳门大学修章工作小组,再次展开了澳门大学修章工作。

---

① 社会文化领域 2007 年财政年度施政方针全文[EB/OL]. http://portal.gov.mo/web/guest/info_detail?infoid=2568.(2014-2-1)

从文本角度看,以澳门大学为例①,《澳门大学法律制度》共十四条,依次为标的、性质及宗旨、总址及分校、机关、监督实体、章程及内部规章、自主权、法律制度、财政收入、税务豁免、人员制度、过渡制度、废止、生效等。《第14/2006号行政命令》(共四条)属于对个别条款的修改或补充条款。

(三)高校章程是高校与外界互动的主要依据

高校章程是高校治理的基本依据,也是高校与外界互动的依据。高校治理作为高校内外利益相关者参与学校重大事务决策的过程,其质是高校决策权力的安排问题;以此为基础的大学治理结构,则主要是各种决策权力的分配结构和制度安排②。高校治理包括外部治理和内部治理。外部治理主要是高校作为独立法人与政府、社会其他主体之间的利益制衡,内部治理主要是大学内部校长、教授、教师、学生等利益相关者之间的权力配置③。高校章程通过对高校利益相关者的权力配置和制度安排,奠定了大学治理的核心架构,诸多利益相关主体围绕这一核心架构参与大学治理。同时,高校章程作为高校治理的基本依据,对高校与政府、社会其他主体之间的利益制衡进行安排,明确政府与学校的权力边界,成为高校与外界互动的依据。多元主体依章和谐共存,进而推动高校的自我管理和自主发展。

以澳门大学为例,《澳门大学法律制度》规定"澳门大学为一拥有本身的机关及财产的公法人"。"澳门大学作为一所公立高等教育机构,致力于教学、研究以及推广文化、科学及技术。"其第一条"标的"明确规定,要"赋予澳门大学为实现其宗旨所必需的自主权",在第七条"自主权"里,分学术自主权、纪律自主权、行政自主权、财政及财产自主权等四项对澳门大学自主权进行了规定。"第一,澳门大学享有学术自主权,自行制定、规划及

---

① 资料来源于澳门印务局法例.
② 韩淑霞. 大学治理中的章程问题[J]. 现代教育科学,2010(11):79—82.
③ 方芳. 大学章程制定中的困惑与突破路径——基于六所高校章程文本的分析[J]. 复旦教育论坛,2014(1):61—66.

进行各项研究、科学及文化活动，并有权设立、组织安排、修改及撤销课程。第二，澳门大学享有纪律自主权，依据相关规范对教学人员、研究人员、其他人员以及学生所实施的违纪行为做出纪律处分；而该等人士有权按法律规定，就做出的纪律处分提起上诉。第三，澳门大学在适用的法例范围内行使行政自主权。第四，澳门大学享有财政及财产自主权，按其所订定的标准，转移由政府所批予的预算中不同项目及章节中的款项；根据适用法例处置其资产。"《澳门大学章程》里对这些自主权也做了规定。法人地位的确立及办学自主权的落实，是大学实现大学自治、保障学术自由、满足大学自主发展诉求的重要保证，也是大学作为一个独立主体参与社会互动的保证。

根据《澳门大学章程》第十一条，澳门大学治理架构（见图4-2）为：校监、大学议庭、校董会、校长、教务委员会、财务管理委员会。校监为澳门特别行政区行政长官。大学议庭为澳门大学的咨询机关。章程赋予大学议庭六项职权，其中两项为"推动为澳门大学发展筹募经费的活动""推动能提高澳门大学在社会上的声望的活动"。校董会为澳门大学最高合议机关，负责制定澳门大学的发展方针及监察其执行，并促进澳门大学与社会的联系。校董会组成成员既有行政长官委任的主席、副主席及司库，也有代表学校方面的校长、各副校长、两名学院院长、两名教务委员会成员，代表政府方面的社会文化司司长代表、高等教育辅助办公室主任、财政局局长，还有科学、经济、社会事务、教育及文化领域被公认为有成就的人士14—16名，以及澳门大学校友会理事会理事长，澳门大学学生会干事会会长。这种由学校、政府、社会、学生等方面代表组成的校董会成员结构，容纳各方面的利害相关者代表，具有广泛的代表性，更有利于大学和政府、社会之间的联系和互动，推动大学的发展。校长由校董会负责招聘及推荐，由行政长官委任，校长是领导澳门大学校务及教务的最高机关，向校董会负责。教务委员会是澳门大学的最高学术事务机关，指导学校的教学及研究工作，确保学术的高水平及严谨性。财务管理委员会为澳门大学的财务执行机关，责任是确保学校的财政及财产的管理。《澳门大学法律制度》和《澳门大学章程》通过立法明确了高校与政府、社会其他主体的角色，给予大学办学自主权，政府减少对高校内部运作和管理过多的直接干预，带来的学术自由和行政弹性加速了澳门大学近年的发展步伐。

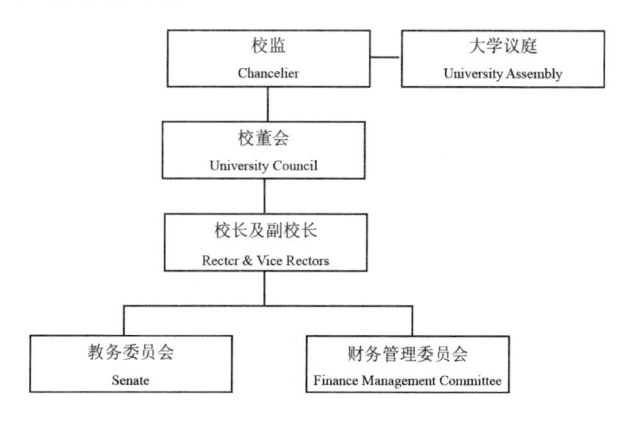

```
                    ┌──────────────┐      ┌──────────────────┐
                    │    校监      │──────│   大学议庭       │
                    │  Chancelier  │      │ University Assembly│
                    └──────┬───────┘      └──────────────────┘
                           │
                    ┌──────┴───────┐
                    │   校董会     │
                    │University Council│
                    └──────┬───────┘
                           │
                    ┌──────┴───────────┐
                    │  校长及副校长    │
                    │Rector & Vice Rectors│
                    └──────┬───────────┘
                           │
              ┌────────────┴────────────┐
        ┌─────┴──────┐          ┌───────┴──────────────┐
        │ 教务委员会 │          │   财务管理委员会     │
        │  Senate    │          │Finance Management Committee│
        └────────────┘          └──────────────────────┘
```

图 4-2　澳门大学治理架构

（四）澳门大学的修章

从某种意义上来说，高校章程是高校组织与外界互动过程中关于具体高校治理的"结晶"。高校章程的重要意义在于，它关乎大学和整个社会、政府之间的关系理顺问题。[①]

1. 2006 年澳门大学首次修章

澳门回归后，为了建设一所现代化和国际化的澳门大学，迎接将来的国际挑战和机会，澳门特区政府鼓励澳门大学研究修章的工作，并且于 2002 批示成立"澳门大学修章工作小组"，正式启动澳门大学章程的修订工作。当时的澳门大学章程中，对管理机关接受外来规管有许多安排。如澳门大学校监对校长、副校长及行政总监有任免权；澳门大学校董会仅仅为咨询机关，并无监察权力；澳门大学各学术单位的开办、合并、更改或撤销均须政府监管机构核准；主要学术及行政人员（副院长及以上）任免，经管理委员会议确认后，仍然需要经政府监管机构的确认；澳门大学管理委员会所有的 24

[①] 于博，张华. 大学章程制定过程中的问题及对策[J]. 中国高等教育，2013（21）：58—60.

项权限中有 9 项是管理委员会做出决定后仍须呈交政府监管机构核准或确认；澳门大学财政需要像其他政府部门一般接受监管机构的规范；凡制定对外产生法律效力而须正式公布的规章，须经监管机构确认后方可实施。通过以上的安排可见，当时澳门大学自主办学权并未得到落实，政府直接管理高校，高校不能就其所作为对社会负责，也没有渠道去吸纳社会和政府的意见和接受质询。特区政府也意识到当时的章程对澳门大学发展带来的限制，修章工作应运而生。

2003 年修章报告提交，其后经过长达三年的讨论和协商，2006 年 3 月，作为大学建立法律基础的《澳门大学法律制度》法案通过，在此基础上，修改后的《澳门大学章程》及《澳门大学人员通则》也在同年 4 月获得批准，并于同年 9 月 1 日生效。总的来说，2006 年澳门大学修章达到了以下目的："订立了澳门大学的法律制度，为大学在澳门特区内提供了高位阶的法律基础；成立新的管治架构，以校董会为最高管治机关来代替政府的直接监督，符合国际通行的高等教育模式；学术自主，在校董会财政管制的前提下大学有发展课程的自由；在大学教务委员会的监管下学院有修改课程的自由；按既定程序有公开招聘学术人员和行政人员的权力；以高于公务人员顶薪的条件招聘校长、副校长，薪金水平由校董会建议，行政长官批核；以高于公务人员顶薪的条件招聘讲座教授，薪金水平由校董会批核"。[①] 这一次修章虽不完美，但它让澳门大学开始以现代化的大学治理模式运作，在校董会的管制下逐步向大学现代化和国际化的目标迈进。

2. 2011 年澳门大学第二次修章

澳门大学 2006 年的修章带来的学术自由和行政弹性推动了澳门大学近年的发展，但"作为公法人，澳门大学同时受到公共行政制度、公共财政制度及公职法例等约束，形成校董会管治与公法人的政府制度管治两套系统并行的复杂情况，因此在问责、自主和部分行政运作上遇到'双重管治'的问

---

① 谢志伟. 澳大为甚么要再次修章? [EB/OL]. http://www.umac.mo/crtf/why_charter-c.html.（2014-2-18）.

第四章　互动边界：澳门高等教育扩展的作用平台

题，以至其发展进程受到窒碍"①。同时，澳门在新的发展时期确立了经济适度多元化的发展方向，明确了建设世界旅游休闲中心和中国与葡语国家商贸合作服务平台的发展定位。因此特区政府在 2009 年大力促成澳门大学在横琴建新校区的方案，为澳门高等教育未来发展及人才培育带来契机。要建设成为国际一流大学，因应澳门未来的发展，及澳门大学将来迁入横琴校区的发展，澳门大学有必要检查章程，制定一套适合澳大未来发展、能应对国际社会竞争的制度。为此特区政府于 2011 年 4 月宣布成立澳门大学修章工作小组，分析及修订《澳门大学法律制度》《澳门大学章程》及《澳门大学人员通则》，处理第一次修章程序仍未能解决的问题，为澳门大学迎接新校区带来的挑战以及迈向一流大学的愿景创造有利条件。

澳门大学第二次修章工作得到澳门大学校监（行政长官）、澳门特区相关政府部门及大学议庭和校董会成员的支持，也通过不同渠道取得各界对修章方向的共识。修章的终极目标是希望让澳门在适当的法律体系下获得更大自主，同时建立合适而有效的管治及监察系统。澳大修章工作小组参考不同地区的高教改革发展后，就各项建议方案进行深入的探讨和分析，并在法律技术层面上寻求确实可行且适合澳门大学的方案。澳门大学已于 2013 年初按修章小组的意见向特区政府呈交了《修订<澳门大学法律制度>之初步建议书及相关构想》②。

诚然，组织的正式维度始终只是冰山的一角，仅仅是规则机制的可见部分。行为的实际规则始终来源于根植于权力格局中，根植于交换和协商谈判的非正式过程中，正式结构又会反过来为非正式过程提供诸种依据和资源③。人们可以发现组织的效能或者卓有成效地引导其成员服务于组织目标的能

---

① 澳大修章小组赴港新考察了解大学管治提升竞争力[EB/OL]. http://news.umac.mo/nrs/faces/area/item.jspx?locale=zh_TW&id=17669&css=http://www.umac.mo/crtf/styles/CRTF-news-release-style.css. (2014-2-18).
② 澳门大学 2013/2014 学年工作计划[EB/OL]. http://www.umac.mo/chi/UM_plans.html(2014-2-18).
③ [法]埃哈尔·费埃德伯格.权力与规则——组织行动的动力[M].张月，等，译. 上海：上海人民出版社，2005：151.

力，在很大程度上或者完完全全地要取决于根植于行动者系统中的规则的非正式机制①。因此，在澳门高校与城市组织进行互动时，固然要遵守"一国两制"的方针政策和《基本法》、高等教育相关的法例政策和澳门高校章程等一系列的成文规则，但是不可忽视的是一些隐性的不证自明的约定俗成的交往习惯、关系契约等也起了很重要的作用。

第四节　合作与冲突：澳门高校跨界交往的表现

郄海霞在对美国研究型大学与城市互动关系的研究中，认为冲突与合作是其关系的最主要的表现形式。②冲突是指跨界者和跨界组织因摩擦对抗而使活动成本增加或代价提高的互动过程。合作是指在互动过程中跨界者和跨界组织为了达到某一共同的目标或者执行某一任务所做的持续的和共同努力的过程。在社会互动过程中，利益关系包括分歧利益、一致利益和交叉利益三类。无疑，任何冲突与合作都与这三种利益有关，都是在利益的驱使下的冲突或者合作③。本节将选用澳门科技大学中医药产学院合作网络以及互动边界中的校长和基金会两个案例说明澳门高校在跨界交往中合作与冲突的表现。

一、案例一：澳门科技大学中医药产学研合作网络

（一）澳门科技大学校情概览

澳门回归后的 2000 年，经第 19/2000 号以及 20/2000 号行政命令，批准成立澳门科技大学，认可其为澳门地区的私立高等教育机构，澳门科技大学

---

① [法]埃哈尔·费埃德伯格. 权力与规则——组织行动的动力[M]. 张月，等，译. 上海：上海人民出版社，2005：150.
② 郄海霞. 美国高校与社区关系：冲突与合作[J]. 比较教育研究，2009（4）：47—51.
③ 鲁鹏. 制度与发展关系研究[M]. 北京：人民出版社，2002：17—29.

基金会为其所有人。澳门科技大学为规模最大的私立院校,为澳门高等教育大众化做出了重要贡献[①]。澳门科技大学设有商学院、酒店与旅游管理学院、人文艺术学院、法学院、资讯科技学院、中医药学院、健康科学学院、通识教育部,涵盖文、理、法、管、商、医、药、艺术、传播等多个学科门类课程。经澳门特区政府批准,澳门科技大学拥有博士、硕士、学士三级学位授予权,现提供数十个学位课程供各类学员选择修读。除澳门本地学生外,高校吸引了大批中国内地和港台地区学生前来求学,目前各类在校生一万多人,其中全日制博士及硕士研究生逾1800人,本科生7500多人。

(二)澳门科技大学中医药产学研合作网络

随着现代科技应用于中医药研究日益广泛,中医药事业的科学意义和独特医疗价值更为彰显,国际医药学界对其认同度有明显提升。首先,国家大力支持澳门发展中医药将其纳入国家"十二五"发展规划中,大力发展中医药和民族医药事业。其次,澳门特区政府将发展中医药列为促进经济适度多元发展的四大优势领域之一。再次,中医药在澳门深受广大民众的欢迎,中医药在澳门有深厚的民众基础[②]。最后,澳门在回归祖国前,并未开展高等中医药教育。医药人才主要来自于父子相传、师徒授受,少部分来自内地中医院校毕业,澳门中医药本科教育尚空缺[③]。

澳门科技大学自2000年建校伊始就抓住了中医药发展的绝佳契机,创立中医药学院和开办中医学学士课程,随后建立了中医药完整的学士、硕士、博士学位课程体系,及中西医结合硕士和博士学位课程,为澳门科技大学持续发展中医药奠下了坚实基础。这标志着澳门中医药教育开始走向正规化、系统化、规模化的发展道路。

[①] 许敖敖. 澳门科技大学与澳门高等教育大众化[J]. 澳门科技大学学报,2010(1):32—37.
[②] 黄洲萍,王一涛,胡豪,胡元佳,孙良堃. 澳门中医药科技与产业发展策略研究[J]. 世界科学技术-中医药现代化,2008(2):112—115.
[③] 王海南. 澳门特区中药安全监管的现状与面临的挑战[J]. 中国药事,2008(8):631—633.

2003年9月成立中医诊疗中心，并向澳门社会开放中医门诊服务。2006年在中医诊疗中心的基础上，建立了中西医互补为特色、具有多种先进医疗设备的现代化综合型的澳门科技大学医院。2006年3月成立澳门科技大学医院，稍后又建立了一家符合GMP标准的康怡制药厂。2010年12月，澳门高校和澳门科技大学联合设立的"中药质量研究国家重点实验室"是全国中医药领域迄今唯一的国家重点实验室，标志着澳门的中药研究又上了一个新台阶，对促进澳门中医药的发展将发挥积极作用。

澳门科技大学形成了中医药产学研合作网络（见图4-3）。十余年来，澳门科技大学中医药的医、教、研紧密联系，相互促进、相得益彰，形成了积极的互动网络。中医药学院目前专业设置有生物医学学士、中医学学士及中医临床医学硕士、中药学硕士和中医学博士课程。已形成"学士—硕士—博士"完整的人才培养体系。澳门科技大学医院为广大澳门居民和游客服务，同时担负了为学生进行临床实习的教学任务，并且也是开展中医药科学研究的临床基地。中医药学院、澳门科技大学医院和澳门药物及健康应用研究院优势互补，例如澳门科技大学医院从澳门药物及健康应用研究院可获得各种生化的高水平检测支持，澳门药物及健康应用研究院的科研可以从澳门科技大学医院取得临床研究的合作，中医药学院研究生培养可以获得中医药学院和澳门科技大学医院的支持。康怡制药厂使中药方面的研究成果能转化为新产品或新工艺，通过生产又反过来进一步检验并帮助提高科研水平。

近年来，中医药学院教师人数成倍增加，拥有一批知识结构合理、教研经验丰富的知名专家和年轻学者，为培养优秀人才提供了师资保障。学院与国家重点实验室教研人员共享各种高端研究设施，使其研究条件、研究课题与水平均大幅提升。而中医药学院和澳门科技大学医院共同承担了"人工麝香口崩片抗心绞痛作用的研究""快速诊断流感禽流感病毒方法的研究""快节奏人群保健药品的研究"等16个科研项目，获得澳门科技发展基金、澳门基金会的科研经费资助1300万澳门币。

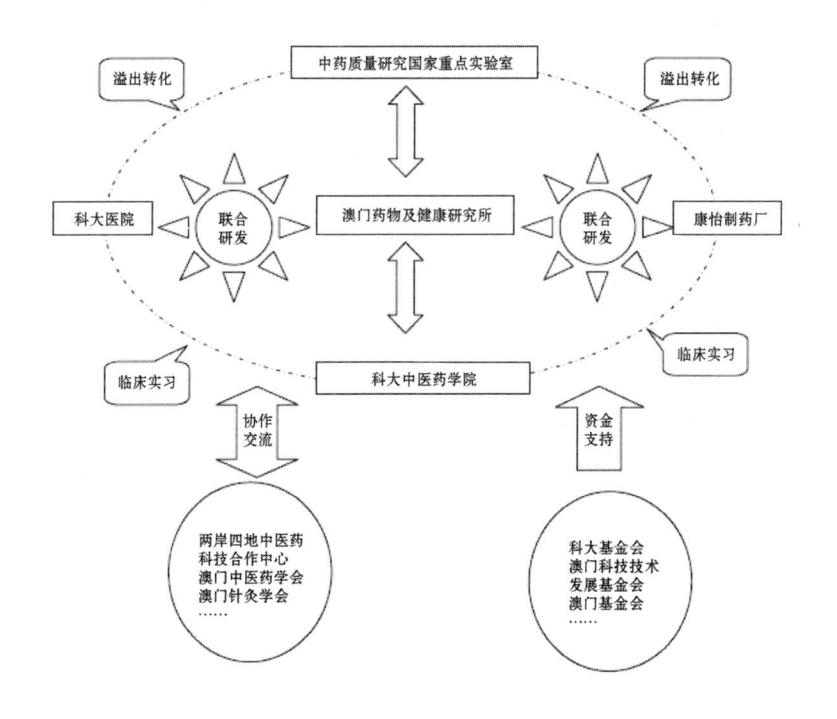

第四章　互动边界：澳门高等教育扩展的作用平台

图 4-3　澳门科技大学中医药产学研合作网络

案例一小结：澳门科技大学中医药产学研合作网络的评价

其一，澳门科技大学的中医药产学研合作网络无疑是成功的。澳门科技大学中医药学院在产学研合作方面实现了教育、科研、临床和生产的全面推进。[①]中医药学院已培养了本科、硕士、博士等三种层次的人才。可以说，澳门的高等中医药教育体系已初步形成。目前有中医专业本科在校生250余名，中医药硕士生27名，博士生7名。澳门科技大学中医药学院的教师在完成好教学任务的同时，还定期去澳门科技大学医院临床，并积极承担澳门科技发展基金、澳门基金会的科研项目，在研课题经费近千万元澳门币。医教研的紧密结合，有效地促进了教学质量的提高。澳门科技大学中医药方面取得的成绩是显著的，已为澳门培养了数百名高级中医药人才，充实了澳门中医药队伍。医教研紧密结合的特点使得澳门科技大学在培养中医药人才的

---

① 周礼呆. 澳门科技大学中医药事业前途无量[J]. 澳门科技大学学报，2010（1）：23—27.

同时，不仅服务于澳门城市居民，还对澳门中医药科研水平的提升发挥了重要的作用。

其二，在澳门科技大学中医药产学研合作网络中，产业界、社团、澳门特区政府是澳门科技大学重要的外部利益相关者组织。第一，澳门政府除了提供相关的研究基金和物质条件外，还为澳门科技大学发展中医药研究及产业化提供了良好的发展平台。在2011年7月，澳门特区政府与世界卫生组织签署了中医药方面的合作计划，邀请了众多专家为澳门发展中医药提供建议和实地培训；在与粤方共建横琴岛的合作产业园区的计划中，澳门政府与珠海政府把中医药产业作为重点发展对象[①]。第二，澳门本地的中医药学术社团结合澳门科技大学中医药学院进行了多次的交流与合作。在众多的中医药学术社团中，较为活跃的有两岸四地中医药科技合作中心、澳门中医学会、澳门中医药学会、澳门中医生协会、澳门针灸学会、澳门中医研究会等。高校、产业界、政府与社团共同组成了澳门科技大学中医药产学研合作网络。

其三，在澳门科技大学中医药产学研合作网络中跨界者发挥了重要的作用。

X校董。曾任澳门科技大学校董会主席，澳门当地著名的爱国实业家，澳门中国商会会长，澳门科技大学中医药学院的首倡者。在澳门科技大学建校之初无校舍无师资，更缺乏教材、实验室及实习基地的情况下采取先租后建的策略，没有师资就采用先借后引、专职与兼职教师相结合的办法走出困境。他带头与多所中医药大学积极沟通和联络，引进教材和建设实验室经验，借用其他高校的师资力量。如借用镜湖医院的场地办起澳门科技大学中医药临床诊疗中心等保障了中医药学院的顺利建立。X校董为中医学院的初期创立做出了卓越的贡献。

G校长。曾任中医药学院的院长，担任院长之前是作为中医药学方面的

---

① 郝雨凡，吴志良. 澳门经济社会发展报告[M]. 北京：社会科学文献出版社，2012：123.

重要专家被特别引进澳门科技大学的。他 1990 年毕业于国内一所知名中医药大学,获医学博士学位。1992 年赴德国汉诺威医学院及马普研究协会从事中药抗炎免疫药理研究,发表和出版了众多有创新性的著作和论文,在国际中医药学界赢得了相当的学术声誉。在他的带领下,澳门科技大学组建了一支学术实力较强的研究队伍,使中医药学院在很短的时间内一跃成为澳门科技大学的明星学院。

由上文的分析可知,跨界者分为组织结构所赋予的跨界者和自主性产生的跨界者两类。X 校董明显属于组织结构所赋予的跨界者,G 校长一开始属于研究团队的带头人性质的自主性产生的跨界者。后面历任院长、校长等行政职务,变成属于组织结构所赋予的和自主性产生的跨界者的混合型角色。他们活动于澳门科技大学周围或边界、联系组织本身与外在环境。他们既是澳门科技大学中医药学院对外联系的代表,也是澳门科技大学中医药学院与外界利益相关者互动时的捍卫者。

二、案例二:互动边界中的校长与基金会

澳门过渡期间,L 校长在 1986 年出任东亚大学校长。在其任职期间,东亚大学立足于澳门城市社会发展需要增设了澳门研究中心,成立了新的教育系和法学院,另外他还推动东亚大学设立教授理事会,争取课程设置与教学自主的决定权,并鼓励教师和学生从事研究,提高学术质量,并创办了以立足研究澳门社会为宗旨的澳门研究所学报《澳门研究》和第一份学生报纸——东大学生报。东亚大学在 L 校长的带领下,大学自治与学术水平有了一定的改善和提升,赢得了澳门社会与师生的普遍尊重。但是不到两年的时间,L 校长在种种因素的影响下决定辞职,成为东亚大学有史以来任期最短的校长。L 校长辞职事件曾引起港澳台和中国内地各方的猜测和关注。

(一)东亚大学 L 校长简介及其办学愿景

L 校长(1920—2004)祖籍新会,生于加拿大温哥华。1943 年毕业于美

国密歇根大学。1945年获美国弗莱彻法律及外交学院硕士学位。哈佛大学国际法国际关系学硕士学位。1950年到北京。曾任国家新闻总署编辑、中央广播事业局艺术指导、福建华侨大学教授。1965年后又任加拿大麦基尔大学教授、亚洲语言及文学系主任、东亚研究所所长兼加拿大亚洲研究学会主席等一系列职位。1982年后，任美国宋庆龄基金会、加拿大宋庆龄基金会主席。1986年到澳门，任东亚大学校长兼澳门研究所所长。1987年辞职之后，返回加拿大潜心学术研究。

L校长从加拿大来到澳门担任东亚校长时66岁。他在接受北京记者采访时，谈论到澳门东亚大学的发展战略时强调三个面向，首先是面向澳门，其次是面向内地的四个现代化建设，最后是面向全世界。澳门的经济、文化情况不如香港，但也正在逐步发展。东亚大学在过渡期的目标就是要培养适应港澳，首先是适应澳门需要的各类人才，如行政管理、经济企业人才，特别是法律人才。因为澳门的法律几乎全部是葡萄牙文需要翻译成中文，还有要对港澳本身的法律进行深入的研究[①]。可知，L校长上任之时是有志办学的。L校长上任之后恰逢澳门进入过渡期，东亚大学面临一个比较大的事件——由私立转为公立大学的转制。在这个转制过程中大学与澳葡政府之间产生了冲突。最主要的就是L校长与澳葡政府刚刚成立不久的澳门基金会之间的矛盾。

（二）澳门基金会职能的转变

《中葡联合声明》签署后澳门进入过渡期，但葡萄牙对过渡期缺乏足够的敏感度，历届澳督对澳门长远的持续性的发展缺乏相应的考虑[②]。过渡期间为解决回归以后澳人治澳的人才问题，澳葡政府才将注意力转向澳门仅有的一所大学——东亚大学。棘手的是，东亚大学是一所私立的大学拥有高度

---

① 贾宗谊.L校长谈澳门东亚大学的发展战略.载于《瞭望》周刊海外版编辑部.炎黄子孙在海外[M].北京：新华出版社，1989：282.

② Mark Bray, Ora Kwo. Higher Education in Small Territories: Political Transition and Development in Macau[J]. Asia Pacific Education Review, 2002(2): 184—196.

的自主权。澳葡政府与东亚大学三位创建者协商后决定收购东亚大学并将其转制为公立大学以培养澳门地区的本地人才。当然在这个过程中,澳葡政府不方便直接管理大学,因此需要澳门基金会作为桥梁和中介。

在1984年澳门基金会(英文名称:Macau Foundation;葡文名称:com o salvaguarda da sua autonomia academica)成立时,它首先是作为一个独立的慈善机构。澳督同时兼任澳门基金会会长,之后从私营部门任命了三位全职官员进入大学行政委员会:Dr Jorge Rangel 作为主席,放弃了原政府驻大学代表的职位;Dra Ligia Quaresma,原为地方上的律师;Eng. Luis Almeida Santos,原为在职工程师。基金会是一个公共机构,由澳门澳督创建以服务文化教育事业,其明确目标是促进科学研究,更加明确的目标是管理东亚大学;甚至在1986年,澳门基金会根据第75/86号批示委派了驻东亚大学的政府代表,直接参与东亚大学的运作。

1988年2月19号,澳督与创建公司董事们签署了规定解决方案主要条款的协议书。在详细的机构学术自治权的保证下,澳门的大学的有形资产将被转到澳门基金会。该协议计划在3月19号之前,依照新版章程(Charter)在澳门政府机构完成相关手续。为了使两个主要国际项目继续持有颁发学位的权力,该协议规定作为新型公立大学的一部分,在年底转型完成之前,研究生院和开放学院要继续发挥其功能,形成一些学术联系,而对其私立性质不再存有偏见。

之后,在大学内部以及与澳门基金会召开了大量会议,敲定了新版章程的终稿。大学不再只是学院的联盟,而允许与其他学院建立联系。其主体包括建立一个理事会(Council)、顾问团(Board of Advisers)、一个单独的评议会(Senate),取代以前几个评议会为不同学院服务的状况。3月12日,该草案经过理事会成员修改,并由澳门基金会同意出版发行,此后7月13日又做了进一步修改。与此同时,大学委员会因三位基金会成员的加入而得到加强,他们重组后将自己作为一个新的理事会,原先的委员会则作为新的顾问团。于是大学成为一个自治的公共机构。1988—1989年,第一次需要大量的办学经费，有了这笔经费，政府对展开这项重大任务就会产生更大更直接的兴趣，他们致力于1991年前实现行政地方化，千禧年到来之前将其完成。

澳门基金会再现活力，显然是基于在政府与大学之间的中介目的而转变的。由于多方面因素的影响，它显然超出了这一界限。澳门基金会在1984年成立之初，作为一个独立的慈善机构并未涉及大学的具体运作，但在整个过渡期间随着职能的转变，澳门基金会逐渐插手了大学的转制及具体的运作。1987年澳门基金会代表澳葡政府收购了东亚大学；1988年核准澳门基金会新章程，确定了支持本地科技、教育、文化发展及为本地培育未来人才的宗旨，并核准东亚大学新章程，开设公开学院及新课程，开展东亚大学校园扩建工程。1989年协助东亚大学增设教育学院及科技学院；1990年筹备设立联合国大学国际软件技术研究所；1991—1992年间辅助东亚大学重组为公立澳门大学、澳门理工学院及亚洲（澳门）国际公开大学；1992年促使澳门高等教育辅助办公室以项目组的形式成立。

（三）L校长与基金会之间的摩擦与冲突

澳门基金会转变的过程中，L校长与基金会的冲突与摩擦不断产生。这些冲突和摩擦主要集中在大学的学术自由、大学自治这两个关键性的问题上。澳门基金会本应没有权力干涉东亚大学的学术自由。有关的法律和章程上亦指出，基金会的成员不能兼任校内的高级职位以保证大学自主。葡国宪法第七十六条也清楚地列明，保证各大学的独立自主，包括学术、行政、财产的自主。世界上其他不少国家都遵从这个最基本的准则，负责拨款的人不兼任大学内的职位，以免控制大学发展的方向。L校长认为大学很难有绝对的独立，但不能没有独立的自主权。他说："基金会正是违反了有关的章程和法律，影响了大学的自主权的实现！"

其中最明显的一个冲突在于澳门基金会组成成员中并未将东亚大学校长纳入之中。之前的与高等教育相关的组织中东亚大学校长都是成员之一，这一违反传统的做法引起了L校长的愤懑，认为基金会在进行决策的时候未考虑到大学本身的意见。澳门基金会设有信托委员会、行政委员会、咨询委员会及监事会,用以取代过去的大学信托委员会、校董会、执行委员会和监事会等组织。现在的基金会信托委员会有成员 21 人,全由澳督委任,任期没有限定。其他委员会的成员则由这个委员会负责委任,东大校长并未列入这些组织的法定成员,只能列席。

此时 L 校长指出澳门基金会及澳葡政府过度干预东亚大学的学术自由和大学自治。在接受香港记者采访的过程中,L 校长从公文包里翻出一份报纸广告,是关于东亚大学法律及公共行政课程招生启事,但是这份招生启事竟然是由澳门政府法律及公共行政课程办公室发出的。他强调这个乌龙事件是澳葡政府单方面策划的,并未与东亚大学校长或其他人员商量过。连校方都未订出具体的计划,澳葡政府又怎能够代为招生呢?为什么不由校方自己宣布,这显然是政府在越俎代庖。其次,澳葡政府在过渡期间将大部分的教育经费花在设置葡文研究中心或葡语课程上,对葡语教育过度重视而对其他课程则采取漠视的态度。他表示不反对学习葡国的东西,但反对把葡国的东西强加于东亚大学,那只会起反作用。这种做法既不利于培养"澳人治澳"的人才,也侵害了大学的学术自由。

(四)L 校长的坚守与退却

1988 年当新的章程还在起草中,L 校长宣布年底他将放弃职务。但 L 校长保证在任的最后几个月里使大学自治成为一个极其重要的议题。他全力以赴确保将该原则纳入政府的基本文件。让这一原则像法律一样,既载入了澳门基金会的新章程,又载入了大学章程。不管怎样,他并没有忽略葡萄牙宪法的重要地位,没有仅按照他所见到的如何把大学自治的原则应用到东亚大学新的大学章程中,这便是 L 校长最后的坚守。L 校长认为大学和社会现实之间存在深刻的社会联系,比如课程的设置一方面要考虑到政府方面的需要,一方面更要考虑到劳动力市场以及澳门人、澳门社会的利益。①

---

① TRIBUNA.L 告别之时留言:大学应该着眼于社会[N]. 葡文论坛报,1988-6-10.

1988年6月，澳门东亚大学校长L宣布辞职，离任返回加拿大。在之后的一次采访当中，L校长解释他辞职的原因：其实当校长应该有自己的抱负和理想，当办学达不到这样的抱负和理想，便是离去的时候。东亚大学从一家商业性私人机构手里转往政府手里，应属好的发展，抛开了商业化的味道。L校长表示并非不赞成这个转变，相反还曾寄予厚望使大学不从属于任何私人机构。L校长认为一家大学不应作为商品，但也不应作为政治工具。大学应以教学人员为核心，让这些人发展自己的教学计划，去为所属地区、所属社会服务，为追求真理服务。大家不应受到政治或经济压力的影响，方有发展的条件。如果受到外面的控制，便会左右了大学的发展。[①]

案例二小结：互动边界中的校长角色

在高校与城市互动过程中，校长的角色与功能尤为重要。根据伯特（Burt）的结构洞理论，结构洞是指两个关系人之间非重复的关系，充当结构洞的那个人可以把另外两个互相没有关联的人联系到一起组成关系网络，起到一个桥梁和中介的作用[②]。结构洞主要具有信息与控制优势：首先，占据结构洞的节点能够获取来自网络中多方面的非重复性信息，并成为信息的集散中心，可以获取对组织而言更多更有利的信息资源。另外结构洞的占据者占据了关键路径，因为可以决定各种资源的流动方向，并联系其他组织的跨界并组织关系网络，由此占据了控制优势。[③]

根据伯特对结构洞的解释，校长通过对外部环境的了解、必要信息的收集和传达，成为高校组织内部成员获取信息的源头、重要的咨询对象，促进协作性问题的解决，在高校组织内部具有更大的影响力。与此同时，结构洞对外也是信息传达的重要"枢纽"。校长在高校组织中就占据了这样一个有利的位置，原因在于"在高等教育机构的所有的内部成员中，领导人向高等

---

① 林斌. 大学不应成为政治的工具——访L校长谈东亚大学与澳门过渡[N]. 信报，1988-5-27.
② 鲁兴启. 科技创业家成长研究——一种基于社会网络的视角[J]. 中国软科学，2008（3）：115—121.
③ 赵健. 基于结构洞理论的教师学习共同体中间人角色分析[J]. 电化教育研究，2013（2）：27—31.

教育之外审视时,其他人向内审视"①。克拉克·克尔认为美国高校校长的权利虽然受到了诸多限制,但是校长仍然在高校与外界环境之中充当了"守门人"的角色。他说作为结构洞占据者的校长无疑具有信息与控制两大优势。澳门高校的校长也不能例外。因为"不管高等教育体制模式如何,校长最根本的角色是交流者(mediator)、首倡者(initiator)和角斗士(gladiator)"。②在这个意义上而言,在澳门与城市的互动边界,校长角色便是结构洞的占据者,成为高校外部系统(政府、产业组织、澳门社团、宗教组织、社会媒体、校友等)与高校内部系统(校董会、院系、行政部门、教职工、学生等)的跨界者。具体见图4-4所示:

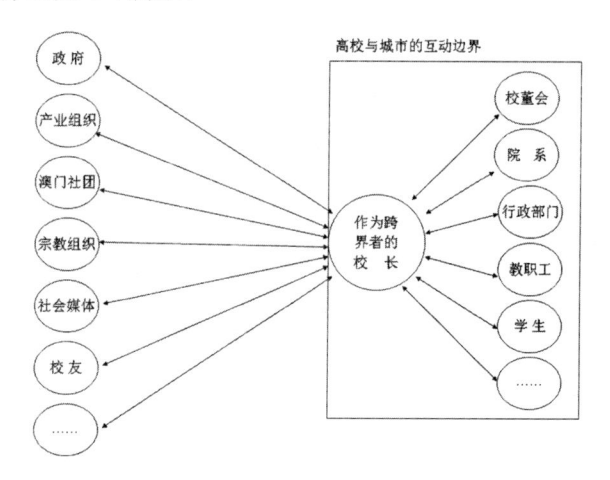

图4-4 澳门高校与城市互动边界中的校长

虽然校长的很多权力都被州政府、联邦政府、法庭、特殊利益集团、协调机构、董事、学生、教师和校友拿走了,但是校长仍然比较重要,因为他可以限制和平衡各种权利入侵、保护学校的长期利益③。正如 L 校长在东亚

---

① [英]戴维·沃森. 高等院校公民与社区参与管理[M]. 马忠虎,译. 南京:江苏教育出版社,2010:154.
② [美]克拉克·克尔,马丽安·盖德. 大学校长的多重生活——时间、地点与性格[M]. 赵炬明,译. 桂林:广西师范大学出版社,2008:98.
③ [美]克拉克·克尔,马丽安·盖德. 大学校长的多重生活——时间、地点与性格[M]. 赵炬明,译. 桂林:广西师范大学出版社,2008:89.

大学转制过程中表现出来对于大学自治和学术自由的底线的坚守，就是限制和平衡外部力量对这个底线的入侵。校长作为结构洞的占据者、高校内部系统与外部系统的跨界者，其作用的范围与程度受到了来自外部与内部的诸多制约，但在跨界组织互动过程中仍然发挥了无可替代的作用。

毫无疑问，高校与城市组织的互动不是在真空里进行的，总是需要借助于一定的作用平台和相关主体的参与。高校与城市互动边界，既是高校与环境相区别的区域，也是高校与外界相互作用、相互影响的区域。澳门高校与城市存在物理边界、地理边界、社会边界、心理边界等四种边界。在高校与城市互动的边界中存在的一些重要的跨界者和跨界组织发挥着极其重要的作用，他们组成了高校与城市互动的跨界网络。另外，互动主体在交往沟通、资源交换时亦要受到"一国两制"方针政策、高等教育相关的法律制度、大学章程等相应制度规则的约束。澳门科技大学中医院产学研合作网络、互动边界中的校长与基金会等两个具体个案的分析，揭示了合作与冲突是澳门高校与城市互动交往的基本表现。

第五章　非对称性互惠共生模式——以澳门高等教育与经济互动为例

伯顿·克拉克认为国家权力、学术权威和市场三种权力模式影响着高等教育系统的运行。具体到澳门城市的场景中，影响着澳门高等教育的五种权力分别为市场、政府、社团、教会以及高校本身存在的自治的力量。教会传统、政府权威、社团力量、产业需求与高校组织的内在逻辑之间形成了五位一体的动态的复杂关系，共生于澳门城市社会之中（见图5-1）。澳门作为一个以旅游博彩业而闻名遐迩的城市，产业组织无疑是影响澳门高校最为重要的力量。

高等教育与城市中其他组织之间的互动，从能量流动角度来说他们之间不可能呈现出非常理想、均衡、对称的平等交换，而总是以非对称、非均衡的交换为常态。正如生物学领域所认为的那样，非对称性互惠共生模式是自然和社会中比较常见的互动模式。作为办学主体的教会、政府、社团和产业组织等由于在权力、资源、理性方面的先天优势，教会、政府、社团和产业组织与高校之间属于所有者与被所有者、管理者与被管理者的关系。在他们之间的物质、能量、信息的流动与资源获取的过程中，高校由于配合与服从的地位，虽然他们认识到本身能力的有限性而寻求对方互补性的支援，并由于高校脱离附和体的地位而开始学习与政府进行合作，但是相应的互动规则还不是很完善。因此从传统的指挥与服从、配合与互补转化为理想的协商、合作的平等关系，组织之间了解到彼此的重要性，通过平等、互动及相互学习的行为共同寻求解决公共事务的最佳方案，形成一个和谐的共治网络等还需要一个很长时间的磨合过程。

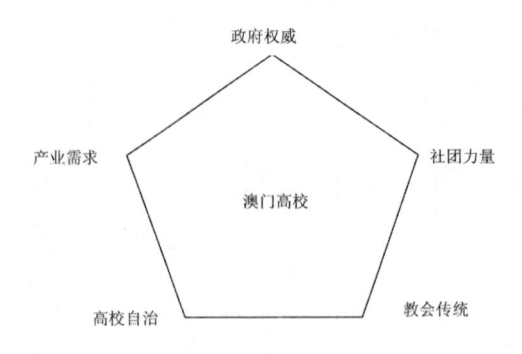

图 5-1　澳门高校与城市的共生关系

潘懋元曾经指出，高等教育与经济发展之间的关系是高等教育政治、经济与文化等外部关系当中最基本也是最重要的关系。[①]本章仅以高等教育与经济之间互动关系为例说明澳门高等教育与城市经济之间的非对称性互惠共生模式。先从一般的高等教育与经济之间基本的关系出发，分析澳门高等教育与经济之间的相互制约、相互影响的关系，然后从计量分析的角度，利用 Stata11.0 软件分析高等教育与经济之间的互动关系以及高等教育对经济增长的贡献率，最后利用共生理论总结高等教育与城市经济互动为非对称性互惠共生模式。

第一节　高等教育与经济发展之间的理论分析

一般研究和描述高等教育与经济之间的相关性时，常用高等教育发展和经济发展之类的概念。虽然在自然科学研究中经常用发展来指称数量意义上的积极变化的过程或形式，但是在社会科学领域，发展经常包含质量和数量两方面的含义。具体而言，经济发展要从数量和质量两个方面进行考察，既指在数量、规模意义上的增加，也包括经济增长的同时能够与政治、社会、

[①] 潘懋元. 新编高等教育学[M]. 北京：北京师范大学出版社，1990：14.

文化、自然环境等相适应之意;[①]高等教育发展概念既包含规模意义上的扩展也包含教育质量的提升。其实笔者认为高等教育发展的概念从本质上论,应该更多地侧重于质量意义的提升,而不是指代数量、规模的扩展。很显然的是,在计量分析的范畴内很难去衡量质量提升的程度,如高校教学质量、人才培养质量,等等,因此在本章沿用以往高等教育发展与经济发展概念的同时,主要指的是高等教育与经济在数量意义上的增长。

在经济区域化以及国际高等教育体制改革的大环境下,实现高等教育与城市经济的互动发展已成为人们的共识。城市间最激烈的竞争是人才资源的争夺,肩负着知识创新和高级专业人才培养重任的高等教育在城市经济发展中扮演着越来越重要的角色。经济与高等教育之间的关系为相互影响、相互促进、相互制约的错综复杂的关系,为从理论上厘清二者之间是如何相互影响与相互作用的,离不开促进与制约两个方面的含义。[②]

澳门厂商会副理事长在澳门大学1995年高等教育国际研讨会指出[③]:澳门的高等教育与工商界以致整个经济界既相辅相成,互相促进,同时又互为条件,互相制约。高等教育的开创需要强大的经济支持才得以实现。因此高等教育很大程度上受制于工商业的发展程度和整体经济水平。而且高等教育也需要工业以及其他各行各业提供研究对象、实践的场所和教学的素材。故社会各界必须借助于高等教育,高等教育亦不能脱离社会各界的支持。

一、城市经济与高等教育互动的理论基础

(一)人力资本理论

20世纪50年代末至60年代初,美国经济学家舒尔茨、贝克尔两人在以

---

① 陈荣荣. 中国现阶段经济增长规律研究[M]. 北京:北京工业大学,1998:252.
② 徐国兴. 高等教育经济学[M]. 北京:北京大学出版社,2013:78—79.
③ 澳门大学. 澳门的高等教育国际研讨会论文集1995年1月16日至18日[M]//崔煜林. 高等教育——工商团体间之关系,1995:151.

往古典人力资本理论的基础上,提出了现代人力资本理论。人力资本将"人力"视为资本的一种,与物质资本相对。人力资本理论认为通过学校教育尤其是高等教育是提高人力资本的主要途径。人力资本就是体现在劳动者身上的资本,例如知识技能、文化技术水平以及健康状况[1]。有学者在比较人力资本与物质资本存在的差异时指出,人力资本与人的身体不可区分性是其最大的特点,因而具有物质资本不能具有的生命周期性和可再生性、主体性和意志性、个体性和社会性等特征。[2]

人力资本理论的主要观点包括:(1)将人视为一种资本,即意味着其为组织的净值,其重要性远胜过现金、土地、厂房设备等有形物质,人力资本的作用大于物质资本。(2)人力资本由于占有人力市场的优越性以及可以随意进入或离开组织,所以对组织而言较不具有稳定性。(3)教育是获得和提高人力资本的主要途径,因此很多时候人力资本归结为教育投资的范围。(4)人力资本是一种动态资本,但是具有恒久和较好的投资报酬率。所以组织的设计尤其是与组织绩效以及与价值相关的制度也会考虑到重要的人力资本的因素。(5)人力资本所涉及并非全部的员工,而是专指不容易被替代并对组织有核心价值和竞争力的员工。

在人力资本论基础上形成的还有筛选理论和文化资本理论。筛选理论中雇主将求职者的学历条件视为薪资高低的信号。文化资本理论将教育作为累积文化资本的重要途径,求职者随着文化资本的提高,未来的声望与职位也会得到提高。

(二)三螺旋理论

三螺旋(Triple Helix)1997年由美国学者亨利·埃兹科维兹(Henry Etzkowitz)在超越以往研究关于大学与政府、大学与产业之间双边关系的线性思维模式的基础上提出来的。三螺旋理论认为大学、产业和政府同处于一

---

[1] 顾明远. 教育大辞典[M]. 上海:上海教育出版社,1998:1271.
[2] 徐国兴. 高等教育经济学[M]. 北京:北京大学出版社,2013:5—6.

个关系网络之中,即政府、企业与大学被抽象成为在经典创新体制下彼此有着不同关系的相互缠绕的螺旋线。[①]不同的社会状态必然会决定主螺旋线的选择,即在任何一个三螺旋结构中,一根螺旋线可以代替另外一根成为主要驱动力,其他两根所代表的机构则变成了支撑机构,言下之意为大学、政府和产业都有可能成为城市发展的主要驱动力。另外,在三螺旋结构中三者在相互作用的过程中实现动态平衡。

三螺旋理论经常用来解释和证明高新技术园区的发展与创新以及创业型大学的生成,其中就把高校以及相关的科研机构视为城市发展的重要的知识资产。毫无疑问,研究大学—产业—政府关系的三螺旋理论为研究高等教育与城市互动提供了一个具有方法论意义上的研究工具,其核心价值就在于将具有不同价值体系的政府、企业和高校在促进区域经济社会发展中统一起来,形成知识领域、行政领域和生产领域的三力合一,进而为教育与经济发展提供坚实的基础。创造这种合力的关键在于超越传统的边界,包括高校边界、行业边界、管理边界等,并在边界互动的基础上建立起新的沟通整合运作机制。

（三）新经济增长理论

新经济增长理论也被称为内生成长理论,认为在知识经济大行其道的时代知识溢出是现代经济增长的重要动力。经济学家保罗·卢默（Paul M. Romer）1990年在理论上第一次提出了技术进步内生的增长模型,把经济增长建立在内生技术进步上[②]。新经济增长理论重要的内涵之一就是将人力资本投资纳入到劳动力的外延。具体主张技术进步是经济增长的核心要素;大部分的技术进步是出于市场激励而导致的有意识行为的结果;在追求技术进

---

① [美]亨利·埃兹科维兹. 三螺旋——大学、产业、政府三元一体的创新战略[M]. 周春彦,译. 北京:东方出版社,2005:16.

② Paul M. Romer. Endogenous Technological Change[J].The Journal of Political Economy, 1990(5): 71—102.

步的过程中,知识作为一种特殊的商品可以反复使用,其成本只是生产开发本身的成本,在此基础上并不需追加成本,这些也构成了技术进步内生增长的基础,因此,经济增长过程也是不断学习的过程。[1]

新经济增长理论的创新之处在于:其一,新增长理论将知识和专业化的人力资本引入增长模式,认为知识和专业化的人力资本积累可以产生递增收益并促进其他投入要素的收益,进而促使总的规模收益递增,这就说明了经济增长可以获得持续永久的动力。其二,新经济增长理论对新古典增长理论的一个重要修正是放弃了技术外生化的假定,突出技术的内生性,强调大部分技术或知识经济主体源于利润最大化的有意识投资的产物。其三,新经济增长理论指出了知识外溢在经济发展中的重要作用,在经济发展过程中,企业可以从自己的投资活动中学会很多东西,其知识存量是投资量的函数。其四,新经济增长理论认为国与国之间发展对外贸易不仅可以增加对外贸易的总量,而且促进关于创新知识、技术和人力资本在世界范围内的传递。这种传递使参与贸易各国的知识、技术以及人力资本水平得到快速提高,获取知识外溢效应。其五,新经济增长理论还注重政府政策在经济发展中的重要地位与作用。[2]

二、澳门城市经济对高等教育发展的决定作用

城市经济对高等教育的影响作用主要表现在三个方面:经济发展水平为高等教育发展提供了基础性的条件;经济发展水平制约了高等教育的培养目标与手段;经济产业结构对高等教育结构的影响及制约作用。

(一)城市经济的发展水平为高等教育的发展提供了关键的基础性条件

良好的经济发展水平能为高等教育扩展提供丰富的物质基础。教育投资

---

[1] B·涛霍夫曼,M.科普.新经济增长理论与经济政策[J]. 关山,译. 国外社会科学,1992(7):33—36.
[2] 任风轩,仉建. 西方新经济增长理论及其意义[J]. 学习论坛,1996(4):17—18.

是高等教育发展的最基本的物质基础和条件，其中经济基础、经济发展水平是决定教育投资规模的最直接因素。首先是对高等教育的规模和速度的影响。经济发展水平同时决定高等教育的经费水平与高等教育规模。[①]

从澳门的统计数据来看，澳门旅游博彩业兴盛，经济发展迅猛，澳门2000—2012年的GDP年均增长率达到了12.44%。因此澳门特区政府的财力雄厚，虽然投入到公共教育的开支占政府总开支及占本地生产总值的比例与其他国家或地区相比较低，仅仅维持到3%以下的水平，但是其用于教育投入的总量惊人，2011年度公共教育开支达到了79.61亿澳门币，其中高等教育开支为46.69亿澳门币，这为高等教育的规模扩展提供了雄厚的物质基础。

（二）城市经济发展水平制约高等教育的培养目标与手段

高等教育要为城市经济和社会培养高级专门人才，那么其培养目标、教育内容和手段都必须从城市社会实际出发。按照高等教育发展的轨迹可以发现，就培养目标来说，在中世纪高等教育以培养能够传播宗教礼仪的传教士为主；而在现代社会，就需要培养律师、工程师、医生以及地质学家、经济学家等让他们来主导和控制整个社会[②]。因此，城市社会决定了高等教育培养的人才符合经济发展的需要，那么也需要有能够充实一般生产部门需要的人力资源、需要能够参与新兴产业发展的具有高度创新能力的专门人才，更需要综合性复合型人才以满足城市社会发展的需要。高等教育的培养目标和教育内容、手段都必须适应城市经济和生产结构的需要。

澳门城市发展的不同阶段对人才培养提出了不同的要求。16至18世纪的圣保禄学院和圣若瑟修院以培养远东地区的传教士为目标，相应的课程设置以宗教、神学为基本内容。过渡时期澳门高校则以提高澳门居民的文化水平为基本目标，课程内容相应扩展，学生的修读方式也以夜间修读为主；回归之后由于澳门社会整体发展迅速，从而需要培养更多的综合性复合型

[①] 樊安群. 高等教育经济学：高等教育规模论[M]. 上海：南海出版公司，1998：166—167.
[②] 王英杰. 美国高等教育的发展与改革[M]. 北京：人民教育出版社，2002：26.

人才。

(三) 城市经济结构对高等教育结构的影响及制约作用

潘懋元在解释高等教育结构时重点强调了高等教育结构动态的性质,他认为高等教育结构随着系统内外部因素的变化而变化是一种动态的结构[①]。从根本意义上来讲,教育结构必然要受制于城市的社会经济结构。城市经济结构直接或间接地制约着教育结构内部发展变化的趋势,同时也制约着教育结构内部调整改革的方向。城市经济结构对教育结构的制约作用主要体现在:城市产业结构对教育专业结构的制约性;劳动技术结构对教育系统的类别结构、程度结构具有制约性;城市的经济结构对高等教育的结构具有制约性。城市经济结构不同、产业结构不同、劳动技术结构不同,就意味着教育结构要与之相适应,培养符合发展生产需要的人才。一般而言,以第二产业为主导的城市必然会对高等教育技术类人才、管理类人才需求量大,而以第三产业为主导的城市经济结构中,对高等教育培养的人才就更趋多元化,综合性人才成为高等教育培养的主流。

澳门各高校的科学与专业设置凸显了澳门城市商业文化的特征。[②]澳门高等教育辅助办公室在统计学生注册人数时将学科划分为7个学术范畴,分别为教育、人文及艺术、社会科学商务管理及法律、理学、建筑及工程、健康及社会福利和服务。根据澳门高等教育辅助办公室2012年的高教数据显示,2012/2013学年新注册学生总数为8743人,其中就读社会科学商务管理及法律类别的学生为4470人,占注册学生总数的51.1%。社会科学商务管理及法律类别下分社会及行为科学、文化遗产、新闻及信息传播、商务与管理、博彩管理、公共行政和法律等7个专业,商务与管理专业达2795人,占年度总注册人数的31.9%。

---

① 潘懋元. 潘懋元文集卷1 高等教育学讲座[M]. 广州:广东高等教育出版社,2010:11.
② 袁长青,杨小婉. 经济视角下澳门高等教育发展的历史与现状[J]. 国际经贸探索,2011(2):52—57.

三、澳门高等教育对城市经济发展的促进作用

高等教育对城市经济的影响作用表现在：高等教育为城市经济发展提供必需的人力资本；高等教育的科学研究与社会服务成果的溢出与转化程度会制约与促进城市经济的创新能力；高等教育产业化形式可为城市经济提供新的增长点。

（一）高等教育为城市经济发展提供人力资本支持

知识经济领先的时代，人力资源和科技创新是现代社会的两大核心要素，他们之间也存在必然的关联，人力资源丰裕程度决定着技术创新的水平。因此，在促进城市经济发展的源泉这一目标的时候，对教育特别是高等教育提出了新的发展要求。随着城市竞争力对人力资源在质和量上的要求全面提高，作为高智力发展和创新重要发源地的高等教育在区域经济发展的过程中担负着重要责任，高等教育培养的人才性质正向社会和市场所需要的方向发展，这是教育社会化的结果[①]。高等教育是人才培养的关键，对城市社会的进步和人文素质的提升尤为重要。

澳门作为典型的微型经济体，由于地域狭小、自然资源缺乏、外向度高，面对知识经济时代的各种挑战以及周边城市的激烈竞争，人力资本是决定澳门城市竞争力的关键。澳门高校自 2000—2012 年间共计培养了 49042 名毕业生，总体劳动力的教育程度因而得到普遍的提升，为澳门城市各行各业的发展做出了积极的贡献。不可忽视的是，澳门居民受教育程度与其他国家和地区相比仍存在差距。澳门无论是打造世界性休闲旅游中心和区域性商贸服务平台的需要，还是产业结构适度多元化和经济可持续发展都对澳门高等教育发展从数量和质量两个方面提出了新的要求。澳门城市未来的长远发展必须要以高素质的人才培养为目标，全面提升澳门居民的整体素质，致力建构学习型社会。

[①] 李君民. 高等教育为区域经济发展服务功能的思考[J]. 黑龙江高教研究，2009（7）：9—12.

（二）高等教育的科研与服务成果的溢出、转化会促进城市经济变革

科学技术的创新与应用是推动城市经济领域变革、提升劳动生产率的重要源泉。大学不仅肩负着科技知识传递的重任，同时还肩负着科研创新的重任。高等教育科研工作的功能，随着科研成果的转化，溢出知识经济时代所需的物质生产力。基于此，高等教育对促进经济发展、提升城市竞争力具有长远的价值和意义。选取在高校集中的地区建立科技园或者经济技术开发区是世界大多数国家经济发展的重要手段[1]。在社会经济和科技发展水平都比较高的发达城市，科研在城市科研体系扮演着极其重要角色。对照传统大学除了具有培育人才及传递知识的功能外，现代大学跃升城市发展成长动力之知识产业体系的主角。

澳门博彩业的局限性日益凸显，其自身发展已经形成根本的障碍[2]。2004年以来，澳门大学、澳门理工学院以及旅游学院等研究的博彩产业规模、负责任的博彩研究、内地禁赌行动对澳门的影响、民间节庆作为文化旅游资源的研究、会展作为目的地旅游发展的策略、文化遗产景点的旅客管理等为澳门城市的旅游博彩业的健康发展，以及向休闲产业的转变做出了积极的贡献。

2011年以来澳门的两所国家重点实验室在产学研合作方面取得了重大的成果。澳门科技大学与澳门大学合建的"中药质量研究国家重点实验室"的研究团队实力雄厚，获得973、国家自然科学基金和科技基金等科研课题近百项，出版学术专著21部，发表学术论文500余篇，授权国家发明专利十多项。该实验室将中药学与现代前沿科技有机结合，研发中药质量标准。而澳门大学的"模拟与混合信号超大规模集成电路国家重点实验室"中多项成果已注册成发明专利，研发了第一代澳门大学芯到第五代的澳门大学芯"，建立了高质量的芯片技术研发平台，为澳门在先进的科技领域提升了研发能

---

[1] 马文玲. 高等教育与区域经济发展良性互动的研究[J]. 商场现代化，2007（11）：207—208.
[2] 郑佩玉. 依靠科技振兴澳门经济的策略思考（文摘）[J]. 当代港澳，1999（2）：35—38.

力。①

（三）扩大高等教育规模可刺激城市消费、拉动经济增长

适当扩大高等教育规模而促进个人或家庭对高等教育的投入，拉动经济消费并增加就业岗位、缓解经济疲态是教育启动消费论的基本观点。教育尤其是高等教育对经济发展存在一定的推动作用。众多研究表明，一定数量高校的存在会拉动周边社区房地产的价格，还会促进周边社会的房屋租赁、零售业、饮食业、旅游业等的发展。因而，澳门高等教育规模的扩充会直接刺激居民消费，拉动经济增长。高等教育发展的直接效应便是通过招收内地学生直接拉动本地的消费，一定规模的学生数量除了缴纳相应的学费外，还通过吃、穿、住、行甚至旅游等直接消费带动城市经济增长。

第二节　澳门高等教育与经济互动关系的定量分析

第一节以人力资本理论、三螺旋理论、新经济增长理论等为理论基础，对澳门高等教育与经济的互动关系进行了理论考察，认为澳门经济较大程度上决定了高等教育发展，而高等教育对经济发展亦有促进作用。本节拟选取澳门 1990—2012 年度时间序列数据为样本，运用协整分析和格兰杰（Granger）因果检验进行定量研究，进一步探讨澳门高等教育与经济之间的互动关系。

本节实证研究的思路是：首先提出研究假设并进行模型设定，介绍采用的计量方法，说明指标选择和数据来源；接着对各指标数据进行平稳性检验，确认满足同阶单整条件；再进行协整检验，确认满足协整关系的条件，建立误差修正模型，探讨澳门高等教育与经济间的长期均衡与短期动态调整关系；最后进行格兰杰（Granger）因果检验，探究澳门高等教育与经济间是否

---

① 马爱平. 澳门大学首次建立国家重点实验室获批[N]. 科技日报，2011-1-2.

存在格兰杰因果关系。

一、研究假设、模型设定、计量方法与数据说明

（一）研究假设

国内外关于高等教育与经济间相互影响的分析研究，大多都认为两者密切相关。如 Jee-Peng Tan 和 M. Alain 研究表明人均 GNP 与高等教育毛入学率存在一定程度的正相关关系[1]，孙绍荣、尹慧茹和朱君萍分析发现世界各国高等教育水平与其 GNP 之间有很大的正相关性[2]，毛洪涛、马丹通过对我国高等教育发展和经济增长进行格兰杰因果检验、数据平稳性和协整检验，得出高等教育与经济增长的相关关系[3]，胡咏梅、薛海平从国际比较角度发现经济发展水平与高等教育规模高度相关[4]，崔玉平、李晓文基于投入产出模型测算高等教育规模变化对短期经济增长的引致作用[5]，毛建青研究表明高等教育规模与总人口数、恩格尔系数、GDP 发展水平和第三产业占 GDP 的比重之间存在稳定的长期均衡关系[6]，毛盛勇运用因子分析法分析国内高等教育与区域经济的协调程度[7]，朱迎春、王大鹏运用协整分析和格兰杰因果检验探讨我国经济发展对高等教育规模变化的影响及二者之间的因果关系[8]，但阎凤桥、毛丹的分析表明，在以地方院校为办学主体的分权格局下，中国

---

[1] Jee-Peng Tan, M. Alain. Education in Asia: A Comparative Study of Cost and Financing[M]. Washington. D.C. The World Bank.1992.:25.

[2] 孙绍荣,尹慧茹,朱君萍. 高等教育与经济水平关系的国际统计研究[J]. 中国高教研究,2001（4）：30—31.

[3] 毛洪涛,马丹. 高等教育发展与经济增长关系的计量分析[J]. 财经科学,2004（1）：92—95.

[4] 胡咏梅,薛海平. 经济发展水平与高等教育规模的相关性研究[J]. 江苏高教,2004（2）：23—26.

[5] 崔玉平,李晓文. 江苏省高等教育规模扩大对短期经济增长的效应分析[J]. 教育与经济,2006（3）：52—54.

[6] 毛建青. 影响高等教育规模的主要因素及其协整关系——基于时间序列数据的分析[J]. 北京师范大学学报（社会科学版）,2009（2）：114—119.

[7] 毛盛勇. 中国高等教育与区域经济发展的区域协调性[J]. 统计研究,2009（5）：82—85.

[8] 朱迎春,王大鹏. 经济发展对高等教育规模影响的实证研究[J]. 统计与决策,2010（10）：78—80.

高等教育发展相对独立于经济发展的影响,形成了这个时期各省(市)以提高毛入学率为驱动的动力机制。[①]

第一节澳门高等教育与经济互动关系的理论分析也表明,澳门经济的发展为高等教育的发展提供了良好的物质基础,对高等教育的投入、规模、层次结构、专业结构等起到了决定作用。而澳门高等教育以其所提供的人力资本、科研及社会服务成果的溢出转化以及高等教育产业化的形式与途径促进了城市经济发展。基于以上分析,此处提出本节定量研究需验证的假设:澳门高等教育与经济间存在协同共变关系。

(二)模型设定

为了验证澳门高等教育与经济间存在协同共变关系,构造如下计量模型:

$$y_t = \alpha_0 + \alpha_1 x_t + \varepsilon_t \quad (5.1)$$

其中,y_t 表示高等教育规模,用澳门每十万人口高校注册学生数来度量;X_t 表示经济发展指标,表示经济总体水平时用澳门 GDP 来度量,表示产业结构状况时用第三产业产值占 GDP 的比重来度量,另外,为了考察澳门经济社会中人口因素对高等教育的需求和供给影响,此时 X_t 表示人口指标,用澳门 15—24 岁组人口数来度量;t 为年份,ε_t 是误差项,α_0 是常数项。

经济总体水平(GDP):根据上面的分析,经济总体水平(GDP)前的预期系数应为正,即澳门经济与高等教育之间有正相关关系。

产业结构状况(TrdIND):经济中的产业结构对高等教育规模关系密切[②],研究表明,一般情况下,高等教育规模与第三产业呈现正相关关系,第三产业的发展情况影响到大学毕业生的就业吸纳能力,进而影响到对高等教育的

[①] 阎凤桥,毛丹. 中国高等教育规模扩张机制分析:一个制度学的解释[J]. 高等教育研究,2013(11):25—35.

[②] 孙绍荣,尹慧茹,朱君萍. 高等教育与经济水平关系的国际统计研究[J]. 中国高教研究,2001(4):30—31.

需求进口，并最终影响到高等教育的总体规模[①]。因此，预期模型中产业结构状况（TrdIND）前面的系数为正。

人口（POP）：毛建青认为"高等教育迈向大众化阶段后，高等教育规模的变化受高等教育适龄人口的影响变得越来越明显"[②]。澳门经济社会中的人口因素既是影响高等教育规模的需求因素，同时也是影响高等教育规模的供给因素。因此，预期模型中人口（POP）前面的系数为正。

（三）计量方法

经济社会中的很多时间序列数据都是非平稳的（non-stationary）[③]，如果对其进行回归分析，可能会出现"伪回归"，因此，通常运用协整理论对时间序列数据进行分析。格兰杰（Granger）和恩格尔（Engle）提出的协整理论表明，如果几个非平稳的时间序列的线性组合是平稳的或是较低阶单整[④]的，这种组合就反映出变量之间具有长期稳定的比例关系，这就是协整关系。

本节实证研究采用协整理论分析澳门高等教育与经济发展的互动关系，并根据格兰杰检验判断二者之间的因果关系。首先运用单位根检验对变量进行平稳性检验，确认变量满足协整检验的条件后，再进行协整关系检验，确定高等教育与经济之间是否存在长期均衡关系，如存在，得到长期均衡方程并予以分析。第二，通过误差修正模型方程得到短期模型，分析高等教育与经济间的短期动态调整关系。最后，根据格兰杰检验判断二者之间的

[①] 毛建青. 影响高等教育规模的主要因素及其协整关系——基于时间序列数据的分析[J]. 北京师范大学学报（社会科学版），2009（2）：114—119.

[②] 米红，文新兰，周仲高. 人口因素与未来20年中国高等教育规模变化的实证分析[J]. 人口研究，2003（6）：76—81.

[③] 如果一个随机过程的均值和方差在时间过程上都是常数，并且在任何两时期的协方差值仅依赖于该两时期间的距离或滞后，而不依赖于计算这个协方差的实际时间，就称它为平稳的，反之则为不平稳。

[④] 如果一个非平稳时间序列经过差分变换变成平稳的，称其为单整过程，经过一次差分变换的称为一阶单整，记为 I（1），n 次差分变换的称为 n 阶单整，记为 I（n）。

第五章　非对称性互惠共生模式——以澳门高等教育与经济互动为例

表 5-6 澳门 1992—2012 年 GDP、资本投入、劳动人口及教育综合指数数据

年度	本地生产总值（百万澳门币）	固定资本形成额（百万澳门币）	物质资本存量（百万澳门币）	劳动人口（千人）	教育综合指数
1992	67182	19974	138008.9	173.0	7.23
1993	70666	20827	145035.1	175.0	7.59
1994	73672	20961	151492.5	177.4	7.94
1995	76100	19390	155733.3	187.1	8.30
1996	75781	15114	155274	202.4	8.65
1997	75570	15404	155150.6	202.3	9.01
1998	72115	13488	153123.5	206.0	9.36
1999	70414	13733	151544.2	209.4	9.71
2000	74461	9590	145979.7	209.5	10.41
2001	76612	9235	140616.8	219.0	10.40
2002	83433	10069	136624.1	218.6	10.71
2003	93933	14961	137922.7	218.5	11.03
2004	119185	20646	144776.4	230.3	11.22
2005	129385	33577	163875.8	247.7	11.65
2006	148045	47701	195189.2	274.6	12.10
2007	169258	59130	234800.3	302.8	12.57
2008	174998	50378	261698.2	327.0	13.21
2009	177994	34093	269621.4	323.4	13.48
2010	226941	28357	271016.3	323.9	13.52
2011	276449	33208	277122.7	336.3	13.82
2012	303951	39537	288947.4	350.2	14.39

表 5-7 β 参数的估算结果

被解释变量	Ln（Y/K）
Ln（EL/K）	0.8164602***
	（0.000）
Prob>F	0.000
Numberofobservations	21

注：***，**，*分别表示在1%，5%和10%水平上显著。括号内是p值。

使用澳门 1992—2012 历年数据，运用 Stata11.0 软件对所设定的计量方

程（5.27）进行回归估计，表 5-7 报告的是估计结果。可知，劳动的产出弹性 β_t=0.8164602。

二、澳门高等教育对经济增长贡献率的计算

根据澳门统计暨普查局 2000 至 2012 年的就业调查数据，整理得到按学历统计的劳动人口，如表 5-8 所示，由于数据完整性的限制，本文以此数据计算 2000 至 2012 年间澳门高等教育对经济增长的贡献率。

表5-8 澳门2000—2012按学历统计的劳动人口（人）

年度	劳动人口	从未入学/幼儿教育	小学教育	初中	高中	高等教育
2000	209483	22756	58319	68748	34137	25510
2001	218983	23508	61664	70651	36852	26214
2002	218599	22111	58151	71428	38417	28447
2003	218524	22455	55842	69039	38189	32949
2004	230327	22929	56028	70938	45510	34830
2005	247709	19807	56448	78258	55021	38124
2006	274600	17700	59800	86500	64700	45900
2007	302800	18500	62100	88600	76000	57400
2008	327000	15600	55900	98200	89200	68000
2009	323400	15600	56700	88800	88300	73900
2010	323900	13700	57700	88100	91700	72700
2011	336300	14600	53700	91500	95700	80900
2012	350200	12600	51200	90100	101900	94400

数据来源：澳门统计暨普查局历年就业调查

（一）计算2000—2012年澳门劳动人口文化程度分布情况

根据表 5-8 的数据，可计算出澳门劳动人口中各文化程度的结构情况，如表 5-9。

第五章 非对称性互惠共生模式——以澳门高等教育与经济互动为例

表5-9 澳门2000—2012年劳动人口文化程度分布结构

年度	从未入学/幼儿教育	小学教育	初中	高中	高等教育
2000	10.86%	27.84%	32.82%	16.30%	12.18%
2001	10.74%	28.16%	32.26%	16.83%	11.97%
2002	10.11%	26.60%	32.68%	17.57%	13.01%
2003	10.28%	25.55%	31.59%	17.48%	15.08%
2004	9.95%	24.33%	30.80%	19.76%	15.12%
2005	8.00%	22.79%	31.59%	22.21%	15.39%
2006	6.45%	21.78%	31.50%	23.56%	16.72%
2007	6.11%	20.51%	29.26%	25.10%	18.96%
2008	4.77%	17.09%	30.03%	27.28%	20.80%
2009	4.82%	17.53%	27.46%	27.30%	22.85%
2010	4.23%	17.81%	27.20%	28.31%	22.45%
2011	4.34%	15.97%	27.21%	28.46%	24.06%
2012	3.60%	14.62%	25.73%	29.10%	26.96%

（二）计算2000—2012年澳门劳动人口人均受教育年限

表5-10 澳门2000—2012年劳动人口人均受各级教育的年限

年度	小学	初中	高中	高等教育
2000	5.3479	1.8387	0.8542	0.4871
2001	5.3533	1.8319	0.8640	0.4788
2002	5.3919	1.8979	0.9176	0.5205
2003	5.3821	1.9244	0.9766	0.6031
2004	5.4003	1.9704	1.0464	0.6049
2005	5.5190	2.0759	1.1281	0.6156
2006	5.6133	2.1533	1.2083	0.6686
2007	5.6295	2.1995	1.3217	0.7583
2008	5.7119	2.3431	1.4422	0.8318
2009	5.7087	2.3284	1.5046	0.9140
2010	5.7462	2.3387	1.5227	0.8978
2011	5.7413	2.3916	1.5754	0.9622
2012	5.7841	2.4535	1.6816	1.0782

根据表5-9的数据，可计算出2000年澳门劳动人口受教育年限。

人均受小学教育年数为：

$$(0.2784+0.3282+0.1630+0.1218)\times6=5.3479$$

人均受初中教育年数为：

$$(0.3282+0.1630+0.1218)\times3=1.8387$$

人均受高中教育年数为：

$$(0.1630+0.1218)\times3=0.8542$$

人均受高校教育年数为：

$$0.1218\times4=0.4871$$

同理可计算出2001—2012年澳门劳动人口人均受教育的年数，如表5-10。

（三）计算2000—2012年澳门劳动力群体的教育综合指数

教育综合指数的计算，首先需要确定不同受教育程度劳动人口的劳动简化率。根据科马洛夫的教育收益计算法[①]，本文将小学、初中、高中、高校文化程度劳动力的劳动简化率定为1、1.4、1.6和2.3。

依据表5-10中的2000年澳门劳动人口人均受教育年数和所确定的劳动简化率，可以求出澳门2000年劳动人口的教育综合指数为：

$$5.3479+1.4\times1.8387+1.6\times0.8542+2.3\times0.4871=10.41$$

同理可以求出澳门2001—2012年劳动人口的教育综合指数，如下表5-11所示：

---

① 苏联教育经济学家科马洛夫1972年在《培养和使用专门人才的经济问题》中提出，根据劳动简化法（复杂劳动等于多倍的简单劳动的原理），并根据达到一定技能水平所需要的普通教育和职业教育的年份组合，制定相应于各级教育程度的"简化"系数，将教育程度较高的较复杂劳动，换算为一种复杂程度较低的劳动的核算系数。具体换算方法为：根据苏联国民经济部门全部在业人员按教育程度划分，将劳动复杂程度最低而受过初等教育的工人定为1，受过初等教育以上的工人为1.2，受过7年教育的工人为1.3，受过8至9年教育的工人为1.6，受过中等专业教育和没受完高等教育的工人为1.9，高校毕业的工人为2.3。本文在此基础上有修正。

表 5-11　澳门 2000—2012 年劳动人口教育综合指数

年度	2000	2001	2002	2003	2004	2005
教育综合指数	10.41	10.40	10.71	11.03	11.22	11.65
2006	2007	2008	2009	2010	2011	2012
12.10	12.57	13.21	13.48	13.52	13.82	14.39

计算结果显示，澳门 2000 劳动人口教育综合指数为 10.41，2012 年的为 14.39，可以算出 2000—2012 年澳门劳动人口教育综合指数的年均增长率为：

$$R_e = \sqrt[12]{14.39 \div 10.41} - 1 = 2.74\% \quad (5.28)$$

同时可以推算出澳门 2000 年至 2012 年间人均接受高等教育年数的年均增长率为：

$$R_h = \sqrt[12]{(2.3*1.0782) \div (2.3*0.4871)} - 1 = 6.85\% \quad (5.29)$$

排除高等教育后，2000—2012 年澳门教育综合指数的年均增长率为：

$$\sqrt[12]{[14.39-(2.3*1.0782)] \div [10.41-(2.3*0.4871)]} - 1 = 2.09\%$$

即在澳门教育综合指数年均增长率 2.74% 中，高等教育的贡献率为：

$$2.74\% - 2.09\% = 0.64\%$$

可见，2000—2012 年澳门高等教育在教育综合指数年均增长率所占比重为：

$$E_h = 0.64\% \div 2.74\% \times 100\% = 23.49\% \quad (5.30)$$

（四）计算 2000—2012 年澳门 GDP 的年均增长率

根据表 5-6 计算出 2000—2012 年澳门 GDP 年均增长率：

$$y = 12.44\% \quad (5.31)$$

（五）计算 2000—2012 年澳门教育及高等教育对 GDP 年均增长率的贡献率

由以上的计算结果有：$\beta = 0.8164602$，$R_e = 2.74\%$，$y = 12.44\%$，$E_h = 23.49\%$

据此，可以计算出澳门教育的贡献率为：

$$C_e = \frac{\beta R_e}{y} = \frac{0.8164602*2.74\%}{12.44\%} = 17.98\% \qquad (5.32)$$

同期高等教育对 GDP 年均增长率的贡献为：

$$C_h = E_h C_e = 23.49\% * 17.98\% = 4.22\% \qquad (5.33)$$

由上面计算可知，澳门教育对 GDP 年均增长率的贡献为 17.98%，同期澳门高等教育对 GDP 年均增长率的贡献为 4.22%。

第四节 非对称性互惠共生：澳门经济与高等教育互动模式

一、共生理论及其应用

共生（symbiosis），是19世纪后期生物学领域创立的概念，后来被广泛应用于经济学、管理学、社会学和教育学领域。根据生物领域的研究成果，不同的生物长期生活在同一区域内所形成的依存状态。在1879年，真菌学奠基人的德贝里（Anton de Bary）定义为不同种属的生物长期生活在一起的生物学现象就是共生。[1]在此定义的基础上，有研究者指出了共生关系的平衡特质，他认为所谓的共生就是两种或者多种生物在生理上相互依存，并达到平衡的状态。[2]有学者把共生程度的不同分为寄生、共生和栖生。但也有学者认为短暂的寄生和栖生与不属于共生关系的范畴，因为共生反映的是不同的物种之间长期的相互依存的关系。寄生与共生不同的是：寄生是宿主与寄生物之间的关系，是没有达到平衡状态的共生。

共生论的本质表现为[3]：（1）共生现象是共生单元之间的相互吸引和合

---

[1] Ahmadjian, V. Symbiosis: An introduction to biological association[M]. Lebanon: University Press of New Englanel, 1986: 1—10.
[2] 洪黎民. 共生概念发展的历史、现状及展望[J]. 中国微生态学杂志，1996（4）：50—54.
[3] 袁纯清. 共生理论及其对小型经济的应用研究（上）[J]. 改革，1998（2）：101—105.

作，相互补充和依赖而非相互替代的自组织过程；（2）共生过程是基于特定时空下共生单元的共同进化过程，是形成新的单元形态和共生模式的过程；（3）与竞争存在差异的方面在于共生是反映了一种依存或者竞合状态；（4）共生关涉的是不同共生单元之间在物质、信息能量方面相互作用的结果；（5）共生关系模式的不同状态会对外部的共生环境产生影响；（6）共生单元、共生模式与共生环境共同作用会产生共生能量，而共生能量又会体现共生关系的协同与创新活力。

共生单元、共生环境和共生模式是共生理论分析中最核心的三个分析要素。共生单元是指构成共生体或共生关系的基本能量生产和交换单位，是形成共生体的基本物质条件；共生环境是共生单元之间形成关系的重要的外部条件；在共生环境下，共生单元之间相互作用或相互结合，由此产生或呈现的作用方式或结合形式就是共生模式。

共生模式是描述不同的共生单元之间能量传递、交换与相互作用的方式，所以共生模式是体现共生关系的重要特征与总结。既可以反映共生单元结合的方式，亦能反映共生主体能量交换的特性。一般来说，共生模式按照不同的行为方式维度可以分为：寄生、偏利共生和互惠共生三种。

寄生：寄生关系的最显著特征是不会产生新的能量和物质，寄生者相对于宿主来说是能量和物质的接受者，而且他们之间只会存在单向的传递。最为关键的是，对于宿主来说寄生者还会妨碍宿主的进化与发展。

偏利共生：相对于寄生模式来说，偏利共生模式能够产生的新的能量或物质，但是不同的共生单元之间的能量流动与传递仍然是单向的。偏利共生模式对于其中的一方比较有利而对于另外一方来说无利也无害。

互惠共生：互惠共生模式也能产生新的能量和物质。不同的共生单元之间的能量流动是双向的甚至是多向的，新的能量在共生单元之间进行分配。根据新能量的分配程度与状态，互惠共生模式可以分为对称性和非对称性两种。对称性互惠共生模式即从能量分配的角度来说，不同的共生单元获得能量的比例一致，彼此之间没有利益冲突，是理想的共生模式。非对称性互惠共生模式即不同的共生单元获得能量的比例不同，呈现出非对称的状态，如一方获利较多而另外一方则获利较少，随着外部环境发生转变，其能量分配的比例也会发生改变。非对称性互惠共生模式是自然和社会中比较常见的共生模式。

共生不仅是一种自然现象也是一种社会现象。社会共生关系编织了社会共生网络，无论是个人还是组织无不笼罩其下[①]。因此从 20 世纪中期以来，人类学、社会学、经济学、管理学和教育学等众多领域都引入和运用了共生理论和思想。如经济学界袁纯清对共生理论做了系统的研究具有较高的代表性，他以分析小型企业的生存和发展为焦点，运用共生理论要素、发生的条件（充分条件、必要条件、均衡条件、稳定条件和一般条件）以及影响共生的因素等，他的研究成果在经济学界取得较大的反响。

在高等教育学领域，也有不同的研究利用共生理论进行了相应的研究并取得了一系列成果。有研究以浙江省的独立学院作为分析样本，基于共生理论研究高校独立学院的演变过程以及效应。在研究大学与经济之间的关系等方面亦有人展开相关的研究。宋宏等人认为大学和区域经济发展的本质就是一种共生关系，因此要改变以往静态的要素分析的线性思维模式，从动态的系统的角度着力于构建大学与区域经济发展的共生系统[②]。司马奇等人基于共生理论与分析框架，认为研究机构和企业之间存在共生关系，并在此基础上解释了研究机构和企业之间的共生机理。[③]

二、澳门经济与高等教育之间的非对称性互惠共生模式

根据上面的共生理论以及共生模式分类的观点，澳门经济系统与高等教育系统可以看成是不同的共生单元，澳门城市社会则是作为经济系统与高等

---

① 胡守钧. 社会共生论[M]. 上海：复旦大学出版社，2012：5.
② 宋宏，程雁雷，夏焰. 大学与区域发展共生系统的建构[J]. 学术界，2000（2）：176—187.
③ 司马奇，曹振全，冯锋. 研究机构和企业共生机理研究——基于共生理论与框架[J]. 科学与科学技术管理，2009（6）：15—19.

教育的外部共生环境。城市经济与高等教育之间所形成的互动关系按照共生模式的分类可以视为非对称性的互惠共生模式。

首先,澳门经济与高等教育之间存在着共生关系。因为,澳门经济系统与高等教育系统之间相互影响、相互促进,在澳门城市外部环境下共同成为相互依存的共生单元。从长期的时间范围来看,高等教育规模扩展与经济增长之间存在着因果关系,并且经济发展与高等教育规模发生变化互为因果。其次,澳门经济与高等教育之间为非对称性互惠共生模式。澳门经济与高等教育之间的关系盘根错节,要回答这个极其复杂的问题,显然把它们之间的关系仅仅归因于一般意义上的简单的相互制约与促进共生关系是无法令人信服的。根据第三节的分析可知,回归之后,澳门 GDP 年均增长率为 12.44%,澳门教育对 GDP 年均增长率为 16.88%,同期高等教育对 GDP 年均增长率的贡献为 4.22%。由本章第二节的 Granger 因果检验可知,经济总体水平 GDP,经济社会中的人口因素是高等教育规模短期变化的 Granger 原因;同时,高等教育规模也是 GDP 短期变化的 Granger 原因。澳门经济增长对高等教育规模扩展具有决定作用,而澳门高等教育对经济发展亦有促进作用。

三、非对称性互惠共生模式对高等教育发展产生的负面影响

戴伦·史密斯(Darren Smith)提出了"学生化现象"(studentification)的概念[1]。他认为有大量学生居住的城镇或某个特定地区必然会带来一些社会问题和环境影响,如社区规划、停车场以及交通治安等问题。澳门高校城市注册人数虽然一直在增长但是相对于庞大的自由行游客的数量来说不免相形见绌,因此澳门并未像英美甚至中国内地城市那样出现学生化现象,反而是日益增多的自由行游客对高等教育发展造成了负面的影响。非对称性的互惠共生模式首先就表现为城市经济尤其是旅游博彩业的发展对高等教育的空间挤压、高

---

[1] Smith, Darren. Patterns and processes of studentification in Leeds[J]. The Regional Review, 2005 (12): 14—16.

校周边及校园内的交通问题以及对高等教育结构的消极影响。

（一）对高等教育造成的空间挤压及交通困扰

众所周知，被冠以"东方蒙地卡罗"及"亚洲拉斯维加斯"的澳门，仅30余平方公里的面积内大小赌场林立。根据澳门博彩监察协调局的网页资料显示：截至2013年年底，澳门共有幸运博彩娱乐场35间。"澳博"有20间、"银河"有6间、"威尼斯人"有4间、"新濠博亚"有3间、"永利"及"美高梅"分别各有1间娱乐场。在总体娱乐场数目当中，其中的23间开设于澳门半岛，余下12间则设在氹仔[①]。澳门10所高校当中，7所高校位于澳门半岛，2所位于氹仔，1所位于路环。从地理空间分布上看，娱乐场与高校分布位置和密度相当。澳门由于缺乏相应的合理规划，赌场和学校、居民区交织在一起，对高校的发展产生了诸多不利的影响。澳门科技大学师生认为"威尼斯人"开业后对学习和生活造成了一定的影响，似乎再也找不到过去氹仔的宁静，街上多了车来车往，多了喧嚣吵闹。

美国的内华达州法典NRS463.3084中规定，在人口达到或者超过40万的城镇新申请的博彩事业区要距离公立学校、私立学校或者主要用于宗教服务或者礼拜的建筑的地产线457.2米（1500英尺）。博彩事业区不得对762米（2500英尺）以内的公立学校、私立学校或者用于宗教服务的建筑造成任何不利的影响[②]。澳门在此方面则没有具体相关的政策规定，规划建立博彩娱乐场的时候没有考虑到对周边高校的影响，具有随意性。澳门科技大学在2008年进行的一项学校与赌场距离测算的调查显示，澳门有22%的学校距离娱乐场的距离不超过三百米[③]。对此，林玉凤不得不感叹道：[④]

现在突然之间，城市的心脏地带，最好的地段，应该最纯洁的地段，最

---

① 回归之后赌权开放[EB/OL]. http://www.dicj.gov.mo/web/cn/history/index.html(2013-12-20).

② 曾忠禄. 美国内华达州博彩区位法律及其对澳门的借鉴[J]. 澳门理工学报, 2007（4）：1—7.

③ Research shows one fifth of schools are near casinos[N]. Macau Daily Times, 2008-10-29.

④ 林玉凤. 新园地笔成气候专栏[N]. 澳门日报, 2005-1-27.

第五章　非对称性互惠共生模式——以澳门高等教育与经济互动为例

有文化气息的地段，必须要有尊严的地段，全部都在赌场的包围之中。如果一个城市的空间利用可以看出这个城市重视的是什么，澳门确实是名副其实的赌城。可是，如果一个城市在发展经济的同时，容不下教育、文化与城市尊严的独立空间，如果赌场像今天一样毫无规划地建下去，奥登说的严重的事不会在这里发生也许就要发生。[①]

澳门各个娱乐场为争相吸引游客，因此发始的大量的娱乐场专车（即通常所言的发财车）在各个入境口岸免费接驳旅客，其中一家娱乐场还在本地报章刊登头版广告，说娱乐场的专车每日往返400次，次次方便自由行。因为刊登广告的娱乐场与澳门大学同在氹仔山头，共用一条道路，而娱乐场的每日往返400次令通往澳门大学的马路经常大塞车。在行人走道又没有及时配套的情况下人车争路、险象环生。几乎在同一时间，巴士公司又取消停靠位于山上的高校站台，因此学生要在山脚下的娱乐场酒店的巴士站下车候车，这引起了高校师生的普遍抗议。师生认为怪不得要取消大学的巴士站，原来不是巴士公司所言的安全保障问题，而是为了给娱乐场的发财车让路。

（二）造成了高等教育专业结构失衡

高等教育科类结构的合理程度直接关联到人才的使用效益，是高等教育各种结构与经济社会发展相结合的交汇点，是高等教育结构合理性的最直接、最集中的体现[②]。根据本章第二节的协整分析结果，澳门高等教育规模与其产业结构间协整检验结果表明，澳门第三产业比重的增加和澳门高等教育规模扩展间没有必然的联系。这可能是澳门经济中博彩业一业独大的产业结构特征所决定的。因为在澳门博彩业一业独大的情境下，澳门高校比较重视教育与产业之间的联系，从而强调学科的实用性，强调学科建设的市场

---

① 见 Rogério Miguel Puga. 奥登的《澳门》和《香港》：一种对比上的联系[J]. 行政，2002（1）：123—135. 奥登在《澳门》的诗中写道：一个如此宽容的城市毋需惧怕，使许多壮者死亡的地狱之罪，令肢体和统治化为齑粉和碎片；教堂的钟声将会敲响，而孩子们的嬉闹声会捍卫孩童年幼的童真和烂漫，因为这里什么严重的事情都不会发生。

② 孟燕. 高等教育学教程[M]. 西安：西北工业大学出版社，2011：85.

机制，从而严格地按照澳门社会的需要开设课程①。澳门高等教育辅助办公室将高等教育分为七类学术范畴，学术范畴之下划分三到四个不同的专业类别。

表 5-6　澳门高校的学术范畴与专业类别

学术范畴	专业类别
教育	师范教育、教育科学、体育、人文科学
人文及艺术	语言及文学、翻译、设计及艺术、宗教及神学
社会科学	社会及行为科学、文化遗产、新闻及信息传播
商务管理及法律	商务与管理、博彩管理、公共行政、法律
理学	生物科学、自然科学、数学科学、计算机及信息
建筑及工程	工程、制造与加工、建筑及城市规划
健康社会福利	医学、护理及卫生、药学、社会服务
服务	旅游及娱乐服务、物流及运输、环境保护、保安

来源：澳门高等教育辅助办公室网页

高等教育结构本身就是外界环境对高等教育系统作用的产物，可见齐亮祖和刘敬发对高等教育结构的定义，他们认为高等教育系统各个单元，各个要素相互关联的方式与相互作用的形式，以及高等教育内部诸要素和外部环境诸要素的关系形式的综合为高等教育结构②。潘懋元在解释高等教育结构时也重点强调了高等教育结构的动态性质，他认为高等教育结构随着系统内外部因素的变化而变化是一种动态的结构③。高等教育结构大致可以分为宏观和微观两种。宏观结构一般涵盖层次结构、科类结构、形式结构、地域结构、管理体制结构。微观结构主要包括学科专业结构、课程结构、教材结构、师资队伍结构和各类人员的知识结构等等。其中高等教育宏观结构与外部城市社会的联系最为紧密。高等教育的科类结构是指高等教育发展中不同学科领域的构成状

---

① 周红莉，冯增俊. 回归十年来澳门教育发展的回顾与前瞻[J]. 比较教育研究，2009（11）：17—20.
② 齐亮祖，刘敬发. 高等教育结构学[M]. 哈尔滨：黑龙江教育出版社，1986：40.
③ 潘懋元. 潘懋元文集卷 1 高等教育学讲座[M]. 广州：广东高等教育出版社，2010：11.

态,它反映了社会分工的横断面[①]。高等教育的科类结构是高等教育培养专门人才的横向结构,它规定着高等教育所培养人才的品种与规格,是高等教育全局性的基础工作,对社会发展有着非常直接的影响。

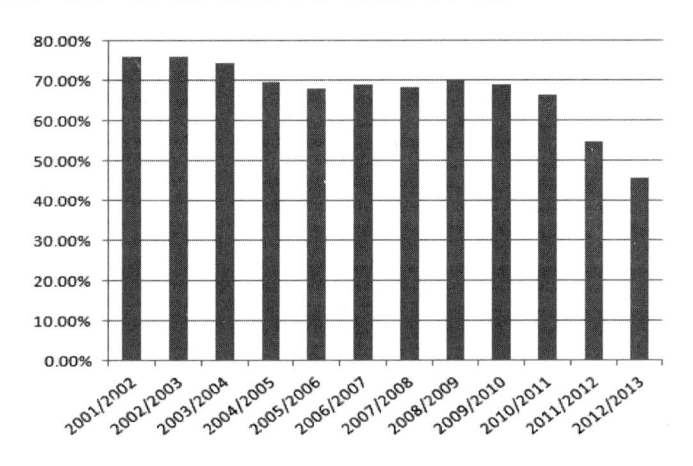

图 5-2 商业及管理、博彩管理和旅游及娱乐服务专业注册学生占比

在图 5-2 中清晰地显示了专业结构失衡的现象,商务及管理、博彩管理、旅游及娱乐服务业三个专业类别的注册学生占总注册学生的 70%左右,在回归之后就一直持续在这个比例,直到 2010/2012 学年才有明显下降的趋势。高等教育资源向单一专业学科过度倾斜的程度之严重,这在其他地区是非常罕见的。专业结构失衡现象反映了更深邃的问题与隐患:澳门高等教育的学科发展缺乏多元化,几乎每所高校必开办工商管理、博彩管理和旅游及娱乐服务类的课程,这种状况间接阻碍了其他学术专业的发展甚至生存空间。由系统论的角度观之,系统的结构与功能之间是密切相关、不可分割的:系统结构是系统功能发挥的内在根据,系统功能是系统结构的外在体现。从这个意义上说,高等教育职能的充分发挥与合理的教育结构存在着高度的关联[②],因为只有最优的教育结构才能最大限度地发挥教育系统的整体功能。

[①] 潘懋元,王伟廉. 高等教育学[M]. 福州:福建教育出版社,1995:69.
[②] 潘懋元. 潘懋元文集卷 1 高等教育学讲座[M]. 广州:广东高等教育出版社,2010:11.

参考文献

中文专著

[1] 阿三. 澳人澳事[M]. 澳门：澳门日报出版社，1997.

[2] 贝磊，古鼎仪主编. 香港与澳门的教育与社会——从比较角度看延续与变化[M]. 香港：香港大学比较教育研究中心，师大书苑，2005.

[3] 伯顿·克拉克. 高等教育系统——学术组织的跨国研究[M]. 杭州：杭州大学出版社，1994：261.

[4] 查灿长. 转型、变项与传播：澳门的早期现代化研究（鸦片战争至1945年）[M]. 广州：广东人民出版社，2006.

[5] 陈荣荣. 中国现阶段经济增长规律研究[M]. 北京：北京工业大学，1998.

[6] 樊安群. 高等教育经济学：高等教育规模论[M]. 上海：南海出版公司，1998.

[7] 顾明远. 教育大辞典[M]. 上海：上海教育出版社，1998.

[8] 国务院法制办公室. 中华人民共和国教育法典[M]. 北京：中国法制出版社，2012.

[9] 国务院港澳事务办公室澳门事务司. 澳门问题读本[M]. 北京：中共中央党校出版社，1999.

[10] 郝雨凡，吴志良. 澳门经济社会发展报告（2008—2009）[M]. 北京：社会科学文献出版社，2010.

[11] 胡守钧. 社会共生论[M]. 上海：复旦大学出版社，2012.

[12] 黄鸿钊. 澳门史[M]. 香港：商务印书馆香港分馆，1987.

[13] 黄启臣，郑炜明. 澳门经济四百年[M]. 澳门：澳门基金会，1994.

[14] 金观涛. 整体的哲学——组织的起源、生长和演化[M]. 成都：四川人民出版社.1987.

[15] 金耀基. 大学之精神[M]. 北京：生活·读书·新知三联书店，2001.

[16] 靳书伦. 澳门轶事[M]. 北京：中央文献出版社，1999.

[17] 靳希斌.教育经济学[M]. 北京：人民教育出版社，2001.

[18] 瞿葆奎.教育学文集·教育与教育学[M]. 北京：人民教育出版社，1993.

[19] 李向玉. 澳门圣保禄学院研究[M]. 澳门：澳门日报出版社，2001.

[20] 李向玉. 汉学家的摇篮——澳门圣保禄学院[M]. 北京：中华书局，2006.

[21] 李子奈，叶阿忠. 高等计量经济学[M]. 北京：清华大学出版社，2000.

[22] 林崇德，姜璐，王德胜，主编；何本方，分卷主编. 中国成人教育百科全书·社会·历史[M]. 海口：南海出版公司，1994.

[23] 林发钦. 澳门教育省思[M]. 澳门：澳门历史教育学会，2007.

[24] 刘凤瑞. 香港澳门概况[M]. 香港：香港天易图书有限公司，1996.

[25] 刘广明. 大学边界论[M]. 郑州：河南人民出版社，2011.

[26] 刘羡冰. 澳门教育史[M]. 北京：人民教育出版社，2002.

[27] 娄胜华，潘冠瑾，赵琳琳. 自治与他治——澳门的行政、司法与社团（1553—1999）[M]. 北京：社会科学文献出版社，2013.

[28] 娄胜华. 转型时期澳门社团研究——多元社会中法团主义体制解析[M]. 广州：广东人民出版社，2004.

[29] 鲁鹏. 制度与发展关系研究[M]. 北京：人民出版社，2002.

[30] 孟燕. 高等教育学教程[M]. 西安：西北工业大学出版社，2011.

[31] 苗东升. 系统科学大讲稿[M]. 北京：中国人民大学出版社，2007.

[32] 潘懋元，王伟廉. 高等教育学[M]. 福州：福建教育出版社，1995.

[33] 潘懋元. 多学科观点的高等教育研究[M]. 上海：上海教育出版社，2001.

[34] 潘懋元. 潘懋元文集卷 1 高等教育学讲座[M]. 广州：广东高等教育出版社，2010.

[35] 潘懋元. 新编高等教育学[M]. 北京：北京师范大学出版社，1990.

[36] 戚印平. 澳门圣保禄学院研究：兼谈耶稣会在东方的教育机构[M]. 北

京：社会科学文献出版社，2013.

[37] 齐亮祖，刘敬发. 高等教育结构学[M]. 哈尔滨：黑龙江教育出版社，1986.

[38] 施白蒂. 澳门编年史：十六世纪[M]. 澳门：澳门基金会，1995.

[39] 孙华. 大学之合法性[M]. 北京：中国社会科学出版社，2010.

[40] 童乔慧. 澳门城市环境与文脉研究[M]. 广州：广东人民出版社，2008.

[41] 王书楷. 天主教早期传入中国史话[M]. 武汉：湖北省第一印刷厂，1993.

[42] 王英杰. 美国高等教育的发展与改革[M]. 北京：人民教育出版社，2002.

[43] 西蒙. 管理行为[M]. 北京：北京经济学院出版社，1988.

[44] 郄海霞. 美国研究型大学与城市互动机制研究[M]. 北京：中国社会科学出版社，2009.

[45] 徐国兴. 高等教育经济学[M]. 北京：北京大学出版社，2013.

[46] 严忠明. 一个海风吹来的城市——早期澳门城市发展史研究[M]. 广州：广东人民出版社，2006.

[47] 叶澜. 教育概论[M]. 北京：人民教育出版社，1999.

[48] 于显洋. 组织社会学[M]. 北京：中国人民大学出版社，2003.

[49] 袁持平. 澳门产业结构优化及适度多元化研究[M]. 澳门：澳门经济学会，2006.

[50] 张楚廷. 高等教育哲学通论[M]. 北京：高等教育出版社，2010.

[51] 张惠蓉. 组织跨界人：观念介绍与实证研究[M]. 台北：五南图书出版公司，2004.

[52] 赵一凡. 美国文化批评集[M]. 北京：生活·读书·新知三联书店，1994.

[53] 周雪光. 组织社会学十讲[M]. 北京：社会科学文献出版社，2003.

中文译著

[54] [丹麦]扬·盖尔. 交往与空间[M]. 何人可，译. 北京：中国建筑工业出版社，2002.

[55] [法]埃德加·莫兰. 复杂思想：自觉的科学[M]. 吴泓缈，冯学俊，译. 北

京：北京大学出版社，2001.

[56] [法]埃哈尔·费埃德伯格（Erhard Friedberg）. 权力与规则——组织行动的动力[M]. 张月等，译. 上海：上海人民出版社，2005.

[57] [美]W·理查德·斯科特，杰拉尔德·F·戴维斯. 组织理论——理性、自然与开放系统的视角[M]. 高俊山，译. 北京：中国人民大学出版社，2002.

[58] [美]道格拉斯·C·诺斯. 制度、制度变迁与经济绩效[M]. 杭行，译. 上海：格致出版社，上海人民出版社，2008.

[59] [美]D·普赖斯. 小科学，大科学[M]. 宋剑耕，戴振飞，译. 北京：世界科学社，1982.

[60] [美]大卫·格里芬编后现代科学——科学魅力的再现[M]. 马季方，译. 北京：中国编译出版社，1995.

[61] [美]格伦·布鲁姆，艾伦·森特. 有效的公共关系[M]. 明安香，译. 北京：华夏出版社，2002.

[62] [美]亨利·埃兹科维兹. 三螺旋——大学、产业、政府三元一体的创新战略[M]. 周春彦，译，北京：东方出版社，2005.

[63] [美]杰弗里·菲佛，杰勒尔德·R·萨兰基克. 组织的外部控制——对组织资源依赖的分析[M]. 北京：东方出版社，2006.

[64] [美]凯文·林奇，加里·海克. 总体设计[M]. 黄富厢，朱琪，吴小亚，译. 北京：中国建筑工业出版社，1999.

[65] [美]克拉克·克尔，马丽安·盖德. 大学校长的多重生活——时间、地点与性格[M]. 赵炬明，译. 桂林：广西师范大学出版社，2008.

[66] [美]克拉克·克尔. 大学之用[M]. 高铦，等，译. 北京：北京大学出版社，2008.

[67] [美]克拉克·克尔. 高等教育不能回避历史——21世纪的问题[M]. 杭州：浙江教育出版社，2002.

[68] [美]克瑞斯·阿吉里斯. 组织学习[M]. 张莉，李萍，译. 北京：中国人民大学出版社，2004.

[69] [美]刘易斯·芒德福. 城市发展史——起源、演变和前景[M]. 宋俊岭，

倪文彦, 译. 北京: 中国建筑工业出版社, 2005.

[70] [美]罗伯特·G·欧文斯. 教育组织行为[M]. 窦卫霖, 温建平, 王越, 译. 上海: 华东师范大学出版社, 2001.

[71] [美]罗伯特·M·罗森兹威格. 大学与政治——美国研究型大学的政策、政治和校长领导[M]. 王晨, 译. 保定: 河北大学出版社, 2008.

[72] [美]罗恩·阿什克纳斯, 迪夫·乌里奇, 等. 无边界组织[M]. 姜文波, 译. 北京: 机械工业出版社, 2005.

[73] [美]罗纳德·巴尼特. 高等教育理念[M]. 蓝劲松, 译. 北京: 北京大学出版社, 2012.

[74] [美]马克·汉森. 教育管理与组织行为[M]. 冯大鸣, 译. 上海: 上海人民出版社, 2005.

[75] [美]乔治·M·马斯登. 美国大学之魂[M]. 徐弢, 等译. 北京: 北京大学出版社, 2009.

[76] [美]西摩·马丁·李普塞特. 政治人: 政治的社会基础[M]. 郭为桂, 林娜, 译. 南京: 江苏人民出版社, 2013.

[77] [美]小艾尔弗雷德·D·钱德勒. 看得见的手——美国企业的管理革命[M]. 北京: 商务印书馆, 1987.

[78] [美]约翰·布鲁贝克. 高等教育哲学[M]. 杭州: 浙江教育出版社, 2001.

[79] [美]詹姆斯·马奇. 马奇论管理——真理、美、正义和学问[M]. 北京: 东方出版社, 2010.

[80] [美]珍妮·H·巴兰坦. 美国教育社会学[M]. 刘惠珍, 等译. 北京: 春秋出版社, 1989.

期刊论文

[81] António Tavaresde Castro. 二十世纪最后二十五年间的澳府组织结构: 历史与未来的探讨[J]. 行政, 1989 (4).

[82] B·涛霍夫曼, M. 科普. 新经济增长理论与经济政策[J]. 关山, 译. 国外社会科学, 1992 (7).

[83] Francisco Pelicano Antunes. 澳门是多元文化社会的典范吗？[J]. 行政，2009（2）.

[84] José Alberto Correia Carapinha. 澳门的政治及立法过渡[J]. 行政，1997（1）.

[85] Mallon WT; Bunton SA. 美国研究型大学医学院的研究中心和研究所[J]. 梅人朗，译. 复旦教育论坛，2006（2）.

[86] Win Weiwel, Frank Gaffikin. 城市空间重构：大学在城市共治中的作用[J]. 王钰，译. 国外城市规划，2002（3）.

[87] Yee, H. Government Intervention in Higher Education in Macao[J]. Higher Education Management，2001（1）.

[88] 白辉，白旭，刘莹. 论大学边界效应与周边城市空间可持续发展——以云南农业大学校园规划为例[J]. 云南农业大学学报，2010（4）.

[89] 蔡永莲. 对"扩招"现象的深层原因分析[J]. 高等教育研究，2000（1）.

[90] 陈拥华. 中西文化与澳门现代高等教育多元化的关系[J]. 长春工业大学学报（高教研究版），2012（4）.

[91] 崔世安. 加强区域合作，发展澳门高等教育[J]. 理工学报，2002（2）.

[92] 崔玉平，李晓文. 江苏省高等教育规模扩大对短期经济增长的效应分析[J]. 教育与经济，2006（3）.

[93] 崔玉平. 中国高等教育对经济增长率的贡献[J]. 北京师范大学学报（人文社会科学版），2000（1）.

[94] 方芳. 大学章程制定中的困惑与突破路径——基于六所高校章程文本的分析[J]. 复旦教育论坛，2014（1）.

[95] 方芳. 从理性和有限理性的角度看决策理论及其发展[J]. 经济问题探索，2005（8）.

[96] 富尼法尔. 论多元社会[J]. 林克明，译. 现代外国哲学社会科学文摘[J]. 1959（10）.

[97] 龚波. 学校组织的有限理性及对学校决策的实践反思[J]. 中国教育学刊，2006（2）.

[98] 顾佳峰. 中国高等教育扩张机制分析——基于单位根检验[J]. 黑龙江高教研究，2010（1）.

[99] 郭书君，米红. 我国高等教育规模与城市化互动发展的实证研究[J]. 现

代大学教育，2005（5）.

[100] 韩淑霞. 大学治理中的章程问题[J]. 现代教育科学，2010（11）.

[101] 杭永宝. 中国教育对经济增长贡献率分类测算及其相关分析[J]. 教育研究，2007（2）.

[102] 洪黎民. 共生概念发展的历史、现状及展望[J]. 中国微生态学杂志，1996（4）.

[103] 胡咏梅，薛海平. 经济发展水平与高等教育规模的相关性研究[J]. 江苏高教，2004（2）.

[104] 黄鸿钊. 近代澳门在中西文化交流中的地位和作用[J]. 中国边疆史研究，1994（2）.

[105] 黄文彬. 大学场域中的边界问题[J]. 教育研究，2011（11）.

[106] 黄忠敬. 国际高等教育大众化视野下的我国高校扩招政策[J]. 扬州大学学报（高教研究版），2001（2）.

[107] 黄洲萍，王一涛，胡豪，胡元佳，孙良堃. 澳门中医药科技与产业发展策略研究[J]. 世界科学技术——中医药现代化，2008（2）.

[108] 金吾伦. 浑序组织——一种建立在复杂性基础上的新型组织[J]. 自然辩证法通讯，2002（4）.

[109] 李桂玲. 澳门的宗教[J]. 中国的宗教，1995（2）.

[110] 李桂玲. 澳门教会简介[J]. 中国天主教，1999（5）.

[111] 李国武. 产业集群中的行业协会：何以存在和如何形成[J]. 社会科学战线，2007（2）.

[112] 李金桥，时章明. 大学校徽的功能与意义[J]. 现代大学教育，2008（1）.

[113] 李君民. 高等教育为区域经济发展服务功能的思考[J]. 黑龙江高教研究，209（7）.

[114] 李向玉. 圣保禄学院在中西文化交流中的作用及其对我国近代教育的影响[J]. 清史研究，2000（4）.

[115] 李晓青. 企业的组织边界——基于不同理论视角的重新审视[J]. 改革与战略，2009（9）.

[116] 李燕萍，吴绍棠，杨婷. 组织合法性的整合框架与维护策略研究——兼论中国红十字会信任危机的补救[J]. 武汉理工大学学报（社会科学版），

2012（3）.

[117] 刘大椿. 科学增长的计量研究——兼评计量方法分析[J]. 自然辩证法通讯, 1985（6）.

[118] 刘先觉. 澳门城市发展概况[J]. 华中建筑, 2002（6）.

[119] 刘羡冰. 澳门高等教育二十年[J]. 行政, 2002（3）.

[120] 刘献君. 努力将中国院校研究推向一个新阶段[J]. 高等教育研究, 2007（9）.

[121] 刘小强. 关系思维与高等教育研究——纪念"教育外部关系规律、教育内部关系规律"提出三十周年[J]. 中国高等教育评论, 2011（2）.

[122] 娄胜华. 十九、二十世纪之交的澳门社会变迁与结社转型[J]. 华南师范大学学报（社会科学版）, 2011（1）.

[123] 马文玲. 高等教育与区域经济发展良性互动的研究[J]. 商场现代化, 2007（11）.

[124] 马迎贤. 资源依赖理论的发展和贡献评析[J]. 社会学研究, 2005（1）.

[125] 马迎贤. 组织间关系：资源依赖视角的研究综述[J]. 管理评论, 2005（2）.

[126] 马早明. 回归后的澳门高等教育：问题与对策[J]. 比较高等教育, 2010（2）.

[127] 马早明. 回归后的澳门高等教育：问题与对策[J]. 比较高等教育, 2010（2）.

[128] 马早明. 文化视野下澳门高等教育变迁[J]. 高教探索, 2010（2）.

[129] 毛洪涛, 马丹. 高等教育发展与经济增长关系的计量分析[J]. 财经科学, 2004（1）.

[130] 毛建青. 影响高等教育规模的主要因素及其协整关系——基于时间序列数据的分析[J]. 北京师范大学学报（社会科学版）, 2009（2）.

[131] 毛盛勇. 中国高等教育与区域经济发展的区域协调性[J]. 统计研究, 2009（5）.

[132] 米红, 文新兰, 周仲高. 人口因素与未来20年中国高等教育规模变化的实证分析[J]. 人口研究, 2003（6）.

[133] 潘冠瑾. 1999年后澳门社团发展的状况、问题与趋势前瞻[J]. 中共杭州

市委党校学报，2013（3）．

[134] 潘懋元. 教育外部关系规律辨析[J]. 厦门大学学报(哲社版)，1990（2）．

[135] 皮晓嫚. 从"经济人"到"管理人"——对西蒙"有限理性"的再认识[J]. 知识经济，2008（7）．

[136] 全国人民代表大会常务委员会关于授权澳门特别行政区对设在横琴岛的澳门大学新校区实施管辖的决定[J]. 司法业务文选，2009（25）．

[137] 任风轩，仉建. 西方新经济增长理论及其意义[J]. 学习论坛，1996（4）．

[138] 尚观华. 试论组织边界活动对高职院校执行力的影响[J]. 教育理论与实践，2012（27）．

[139] 尚能思. 关于澳门的授权问题[J]. 行政，1990（7）．

[140] 司马奇，曹振全，冯锋. 研究机构和企业共生机理研究——基于共生理论与框架[J]. 科学与科学技术管理，2009（6）．

[141] 宋宏，程雁雷，夏焰. 大学与区域发展共生系统的建构[J]. 学术界，2000（2）．

[142] 苏义林. 组织学习与大学改革[J]. 清华大学研究，2012（3）．

[143] 眭依凡. "大学自治"与校长治校[J]. 高教探索，2001（4）．

[144] 孙贵聪. 英国大学特许状及其治理意义[J]. 比较教育研究，2006（1）．

[145] 孙华. 特许状：大学学术自由的张力和社会控制的平衡[J]. 教育学术月刊，2010（3）．

[146] 孙华. 西方大学的有效性与合法性[J]. 教育研究，2009（5）．

[147] 孙绍荣，尹慧茹，朱君萍. 高等教育与经济水平关系的国际统计研究[J]. 中国高教研究，2001（4）．

[148] 谭胜. 我国高校章程建设的逻辑起点及其当前困境[J]. 现代教育管理，2013（9）．

[149] 汤开建. 澳门开埠事件考[J]. 暨南学报（哲学社会科学版），1998（2）．

英文专著

[150] Ahmadjian,V. *Symbiosis: An Introduction to Biological Association*[M].

Lebanon:University Press of New Englanel,1986.

[151] Chris Argyris,Donald Schön.*Organizational Learning:A Theory of Action Perspective*[M]. Boston:Addison-Wesley Publishing Company,1978.

[152] Eric Asbhy. *Universities: British,Indian,African* [M]. Cambridge:Harvard University Press,1996.

[153] Gibbons. M.*The New Production of Knowledge*[M]. Lon-don:Sage,1994.

[154] Hallinan, M. T.*Handbook of the Sociology of Education*[M]. New York: Kluwer Academic Plenum.2000.

[155] Harlan Cleveland.*The Knowledge Executive:Leadership in an Information Society*[M].New York:E.P.Dutton,1985.

[156] Jee-Peng Tan,M. *Alain.Education in Asia:A Comparative Study of Cost and Financing*[M].Washington. D.C:The World Bank 1992.

[157] Pfeffer effer;Gerald R Salancik.*The External Control of Organizations:A Resource Dependence Perspective*[M].New York:Harper and Row,1978.

[158] Philip G.Altbch, Daniel C.Levy.*Private Higher Education: A Global Revolution* [M].Boston :Sense Publishers,2005.

[159] Richard Henry Popkin,Avrum Stroll.*Philosophy Made Simple*[M].New York :Random House Digital, Inc.1993.

[160] Shear, M.D.*Colleges Seek More Independence*[M].Woshington:Woshingion Post,2004.

[161] Thompson J D.*Organizations in Action: Social Science Base of Administrative Theory*[M].NewYork:McGraw-Hill,1967.

[162] Wayne k Hoy,Cecil. G.*Miskel.Educational Adminstration-Theory:Research and Practice*[M].NewYork:McGraw-Hill,IN.1987.

英文论文

[163] Adams,J. S. *Interorganizatioal Process and Organizational Boundary Activities*[C].Research in Organizational Behavior. Greenwich:JAI.B. M.Staw & L. L. Cummings.1980.

[164] Altbach P, Reisberg L,Rumbley L.*Trends in Global Higher Education:Tracking an Academic Revolution*[C].(2009),UNESCO 2009 World Conference on Higher Education.

[165] Barry Bozeman, Craig Boardman.*The NSF Engineering Research Centers and the University–Industry Research Revolution: A Brief History Featuring an Interview with Erich Bloch*[J].Journal of Technology Transfer,2004(29).

[166] Bea Triceleung. *Church-State Relations in the Decolonisation Period:Hong Kong and Macau*[J].Religion,State & Society,1999(1).

[167] Ben-David,J.*The Growth of the Professions and the Class System*[J].Current Sociology.1963(12).

[168] Bray, M., Kwo, O. W. Y. *Higher Education in Small Territories: Political Transition and Development in Macao*[J].Asia Pacific Education Review, 2002:(2).

[169] Cain, D,G. L.Reynolds.*The Impact of Facilities on Recruitment and Retention of Student*s[J]. Facilities Manager, 2006(22).

[170] Carroll Brentano.*The Two Berkeleys:City and University Through 125 Years*[J].Minerva,1995(4).

[171] Cynthia Felix Bums.*Interorganizational Town-Gown Relationship and Property Taxes. A Case Study*[D].College of William and Mary,2002.

[172] Dacin, Oliver, Roy.*The Legitimacy of Strategic Alliances:An Institutional Perspective*[J].Strategic Management Journal,2007(28).

[173] Elizabeth van der Meer.*The University as a Local Source of Expertise*[J]. Geo Journal.1997(4).

[174] George S. Hallenbeck Jr ,Jacob E.Hautaluoma,Scott C. Bates.*The Benefits of Multiple Boundary Spanning Roles in Purchasing*[J].Issue Journal of Supply Chain Management.1999(35).

[175] Gerardo Patriotta, Jean Pascal Gond, Friederike Schultz.*Maintaining Legitimacy: Controversies,Orders of Worthand Public Justifications*[J].Journal of Management Studies,2010(8).

[176] Gray F.Best.*The Social Construction of a City-University Relationship:A Case Study Concerning Cultural Knowledge Between City and University Administrators*[D].Ohio State University,1996.

[177] H.Petrie,DAlpert.*What Is the Problem of Retrenchment in Higher Education?* [J].Journal of Management Studies 1983(20).

[178] Hei-hang Hayes Tang. *Academic Capitalism and Higher Education in Macao*[C]. The 2012 Annual Meeting of the Association for Asian Studies (AAS), Toronto, ON, Canada, 15-18 March 2012 . Association for Asian Studies (AAS).2012.

[179] Hills, R. J.*The Representative Function: Neglected Dimension of Leadership Behavior*[J].Administrative Science Quarterly,1963(8).

[180] Howard Aldrich,Diane Herker.*Boundary Spanning Roles and Organization Structure*[J]. Academy of Management Review,1977(2).

[181] Howard E. *Aldrich,Jeffrey Pfeffer.Environments of Organizations*[J].Annual Review of Sociology.1976(2).

[182] John R. Boatright.*Contractors as Stakeholders:Reconciling Stakeholder Theory with the Exusof-Contracts Film*[J].Journal of Banking and Finance,2002(26).

[183] Larry L. Rowley.*The Relationship Between Universities and Black Urban Communities:The Clash of Two Cultures*[J].The Urban Review.2000(1).

[184] Lederer,Jeffrey H. H. M.*University Downtown, and the Mid-Size City: An Examination of the Roles of University in Downtown Revitalization Within the Context of Community-University Partnerships*[D].University of Waterloo,2007.

[185] Leifer,R,Delbecq, A.*Organization Environmental Interchange:A Model of Boundary Spanning Activity*[J].Academy of Management Review,1978(20).

[186] Margaret P. O'Mara.*Beyond Town and Gown: University Economic Engagementand the Legacy of the Urban Crisis*[J].The Journal of Technology Transfer,2012(2).

[187] Margaret P.O'Mara. *Beyond Town and Gown:University Economic Engagementand the Legacy of the Urban Crisis*[J].The Journal of Technology Transfer,2012(37).

[188] Mark Bray, Ora Kwo.*Higher Education in Small Territories:Political Transition and Development in Macau*[J].Asia Pacific Education Review,2002(2).

[189] Melfi,Marco.*Do Downtown University Campuses Contribute to Mid-Size City Downtown Revitalization? A Comparative Case Study of Kitchener and Cambridge, Ontario*[D].University of Waterloo (Canada),2009.

[190] Paul M.Romer. *Endogenous Technological Change*[J].The Journal of Political Economy,1990(5).

[191] Paul windolf.*Cycles of Expansion in Higher Education 1870-1985,an International Comparison*[J].Higher Education,1992(23).

[192] Perry,Beth.*Universities and Cities:Governance, Institutions and Mediation*[J]. Built Environment,2011(3).

[193] Pfeefer J,Nowak P.*Joint Ventures and Inter Organizational Inter Dependence*[J]. Administrative Science Quarterly,1976(21).

[194] Phil Hodkinson,Gareth Harvard.*Perspectives on Teacher Education*[C].Action and Reflection in Teacher Education.Westport:Greenwood Publishing Group.1994.

[195] Price, I, F. Matzdorf, Et Al.*The Impact of Facilities on Student Choice of University*[J].Facilities,2003,(10).

[196] *Research Shows One Fifth of Schools Are near Casinos*[N].Macau Daily Times,2008-10-29.

[197] Sanford Pinsker.*Could Town-Gown Relations Take a Costly Turn*[J].Academic Questions.1996(2).

[198] Smith, DP. *Patterns and Processes of Studentification in Leeds*[J].Regional Review, 2002 (12).

[199] T. Eiter, G. Gottlob.*The Complexity of Logic-Based Abduction*[J].Journal of the ACM,1995 (1).

[200] White,Suzanne Wrightfield.*Town and Gown,Analysis of Relationships:Black Hills State University and Spearfish,South Dakota,1881 to1991*[D].Iowa State University,1991.

后 记

行文至此，我心中已满是深深的眷恋与感激之情。虽以我署名，但在其过程中并不是我一个人在战斗。

首先，我要感谢我尊敬的谢安邦老师，正是在他带领下我才关注到澳门高等教育这一国内外学界都涉足不多的领域，最后选题也正是得益于此。谢老师德高望重、学识渊博、剑胆琴心，为人极为谦和，对学生更是关爱有加。在我举棋不定的时候，允许我频频地更换选题，鼓励我不断勇敢地去探索未知，不厌其烦地帮我分析每个方向的可行性。在我遇到瓶颈想要罢工的时候，他总是费尽心机找我的优点，适时地鼓励我这个不按常理出牌的学生。每每念及于此，对谢老师的各种感激在我心底激荡。

我还要感谢我敬爱的闫光才老师。博士阶段，我一如既往地参加每周一次的闫门例会，积极地参与讨论，聆听教诲。不仅如此，我还经常就我研究中碰到的种种疑惑求助于他。在文科大楼 14 楼他的办公室里面，关于分析视角、篇幅谋划、各家观点，等等，我追问不休，他应答如流。闫老师视野开阔、观点奇特、独具匠心，语出绝无重复，录下来即可成文。这些在我脑海中一遍遍地不断碰撞回旋，拳拳到肉，打通了关节要害。每每掩门而出，我顿感春风拂面、脚步轻盈、浑身通畅，此等幸福更与何人说？

在高教所的课程学习期间，戚业国老师、唐玉光老师、房剑森老师、李梅老师、张东海老师、徐国兴老师、荀渊老师、李海生老师、童康老师、岳英老师等都让我深受启发、受益良多。在答辩过程中，眭依凡老师、顾建民老师还有夏人青老师都提出了十分中肯的意见。我的师兄张斌、焦磊、朱宇波、师姐张伟、于汝霜、陈飞，师弟牛梦虎，师妹贾斌等在学术与生活两方面都提供了无私的贴心的帮助。我的同学董向宇、陈大兴、高芳祎、石梅、玛丽、仓贯势津子、俞嘉怡和谢峰等，个个聪明伶俐，能与他们一起共同学习无疑是十分幸运的。

另外在澳门实地调查阶段，我要感谢在澳门工作的张红峰师兄，为了帮助我获得珍贵的第一手资料，多次无私地帮助我参与各种课题的访谈与调查，带我奔走于澳门的各大高校、政府机关与图书馆之间。感谢澳门理工学院的李向玉院长，虽只是在食堂偶遇而得知我论文的方向，但他立马就安排了我的独家采访。他大力赞赏我的选题，给了在迷茫阶段的我以极大信心。感谢澳门统计暨普查局的邝碧芳局长，虽未正式谋面，但多次的邮件咨询、求助使我均能得到专业的、满意的答复，对我论文数据准确性的提高提供了重要的帮助。

最后，我要衷心感谢我亲爱的家人。多年游学在外，家无疑是我最温暖的港湾。如果没有一直爱我的家人的鼓励、督促与支持，天知道这篇作品何年何月才能竣工！

二舍、十七舍，最后再到十舍，这是我在河西丽娃河畔的足迹。终于到了要分别的时候，我只能依依不舍地说："再见，丽娃！"

王银花

2017年3月